社長を
支えてきた
言葉

元気になれた、勇気をもらえた81のエピソード

西田康郎

はじめに

私は株式会社ケイハンで代表取締役社長を務めています。

ケイハンという会社はひと言でいえば「かためる」技術で社会に貢献する会社です。石炭の粉炭をかためて練炭にして蒸気機関車（ＳＬ）の燃料としたのがスタートで、一時は国鉄（現ＪＲ）燃料のシェア90％を誇ったこともあります。やがてＳＬがディーゼル車、電車にシフトチェンジするなかで事業転換をして、今度は製鉄所にコークス（石炭を高温で蒸し焼きにすることで製造する製鉄原料）をつくるための「成型炭」を提供することになります。現在でも日本製鉄の戸畑やＪＦＥスチールの福山や倉敷、そして千葉などの製鉄所構内に自社操業工場を保有しています。

以前、ビジネス誌『Newsweek（ニューズウィーク）』で当社ケイハンが４ページにわたって特集されたのですが、このなかでは〈日本の輸送・流通の下支えをしてきた、いわば日本戦後復興の陰《かげ》の主役ともいえる〉〈鉄鋼会社との連携のなかで、日本の高度成長期はもちろん、いま現在も日本の重工業を陰で支えている黒子のような存在〉と記され、また〈ケイハンがもつこの塊成化《かいせいか》技術（＝かためる技術）が、昨今「環境」という点から俄然注目を浴びるようになってきた〉と紹介されました。成型炭だけでも年間１８０万ｔの生産量を誇り、**「かためる」という分野ではナンバーワン、オンリーワンの技術をたくさんもっている会社だと自負しています**（ケイハンならびにグループ企業についての詳細は184ページに記載しています）。

200人足らずの会社ではありますが、京都に本社をおき、工場や研究所、営業所は東京、神奈川、千葉、岡山、広島、福岡などに全国展開しています。それぞれの事業所が役割を果たしがんばってくれているわけですが、会社全体としての一体感を醸成するにはどうしたらいいか、皆が同じ意識をもって仕事に向かっていくためにはどうすればいいかと考え、自分の想いをしたためたものを毎月の給与明細に添えることにしました。

社内では「給与レター」と呼んでいますが、私が専務のときからですので、かれこれ30年近く続けています。このアイデアは経営コンサルタントの故・蒲田春樹先生と相談して決め、父、慎一郎があと押ししてくれたもので、社員に向けてのメッセージではありますが、じつは、私自身を励まし、鼓舞するためのものでもありました。

業績というものは良いときもあればなかなかうまくいかないときもあります。安全第一と日々心がけていても思わぬ事故が起こったりもします。心がひりひりすることも少なくはありません。こんなとき、いろいろな方に相談し、ときにはあれこれ本をめくったりしながら、気持ちを整理し、大切なこととはなにかを常に考えてきました。どんなに迷っても「正直に」「誠実に」という信条は守っており、それをいろいろなエピソードを交えながら書いてきたのが毎月の「給与レター」です。いわばこの給与レターは、社長である私自身を支えるものであり、次代へ向けた遺言であるといっても過言ではないのです。

2017年にはそれまでの給与レターを一部抜粋して『社長からの給与レター』（ワニブックス【PLUS】新書）という形で出版させていただきました。もともと自分と社員向けのメッセージなので、社外の方向けにというのは面映《おもは》ゆい、おこがましい気がしたのですが、自分が思う以上にたくさんの方々から、おもしろい、話のタネに使えるというご感想をいただきました。

それから6年、前とは少し違った形で続編を出しませんかとご提案いただきました。たしかに、ここ数年、コロナ禍などで社会環境が大きく変わっています。あらためてこの給与レターを振り返ることで、時代を整理でき、新たな気づきがあるのではと思いました。

前著では全体を春夏秋冬、月ごとに分類しましたが、本書では「伝統を守り次代へつなげる」「変わることを恐れない」「安心・安全はすべての基本です」「伝える力を育む」「そして未来へ」とテーマ別としています。必ずしも書いた年や月が順番通りになっていませんし、内容が重複するところもあります。また毎月の給与レターのほか、年に4回、社内報を発行し、そこでもメッセージを発信していますが、こちらからもいくつか抜粋しています。あるいは前著に掲載しなかった古いものもいくつか載せています。基本は見開きにひとテーマになっていますので、順を追わず、見出しで気になったところを拾い読みしていただけることを心がけました。

社員に向けて呼びかけるように記したところもあります。読者の方は従業員ではありませんので、そのままでは失礼かとも考えましたが、仲間、同志、友人への呼びかけととらえていただければと思います。

本書を読んでくださることで、皆さまが、私自身がそうであったように、少しでも元気、前向きになっていただければと心から願っています。

2023年9月

目次

はじめに　2

第1章
伝統を守り次代へつなげる　13
先人に学び、自分のスタイルを〈かためる〉

1 ハンバーガーに学ぶ「人を納得させる、オリジナル流儀」
2 雑誌はやっぱりおもしろい⁉「印象」に惑わされない
3「線香花火」の西東
4 先入観は可能を不可能にする
5 新しい名前に未来を託す
6 愉快なことを見逃さない
7「忙しい」には要注意
8 令和元年に
9 偉人伝・名言集のすすめ
10「たかが掃除というなかれ」
11 渋沢栄一から学べること
12 ほんものを究めようとすると、次のテーマが生まれる

13 美空ひばりさんの言葉「尊敬することからはじめなさい」
14 小学生と人間国宝
15 責任はことの起こる前に負うもの
16 サッカーとジャズ、アメフトとクラシック
17 エリザベス女王の言葉「思い描いている通りの姿でいなくてはならない」
18 風薫る季節、神社仏閣で心と身体をリフレッシュ

第2章
変わることを恐れない

51

変革・改善の意識を〈かためる〉

19 継続とは小さな問いを立てること
20 戌《いぬ》年は新しい芽吹きのための準備期間
21 心の「三脚」を取り払おう
22 桜の花に力をもらう！
23「人生ゲーム」常に新しいステージに向かって
24 コンペとは「死闘」と訳すのが正しい
25「ザ・ローリング・ストーンズ」成功の秘密⁉
26 麒麟《きりん》がくる⁉

27 イチローのルーティン
28 父の遺言「ちゃんとやれ！」
29「良いことがある。ますます良くなる。必ず良くなる」
30 春は学びの季節 良いように変わっていける！
31 気持ちを新たにして
32 起死回生にはなにが必要か？
33 起こったことの意味は変えられる
34 あわてなくてもいいよ♪　あたふたせず、より丁寧に！
35 虎の子渡し
36 大切な人を思い浮かべると「やる気」が続く！
37 学びのため、喜びのために、仕掛けを用意
38 脳力はいくつになっても鍛えられる

第3章
安心・安全はすべての基本です　93
ミスをなくすため基本を〈かためる〉

39 見えないから怖い、見えるから安心
40「三つの袋」と「三つの坂」

41 ラグビーワールドカップの舞台裏
42 アスリートファーストとセーフティファースト
43 「ほめて伸ばす」の落とし穴⁉
44 ピンチのときこそスイッチを入れる
45 信じる力と、そのバックボーン
46 「まさかこんなはずじゃなかった」の後ろにあるもの
47 呼吸は大事、呼吸を見直そう
48 「ありがとう」を糧にして
49 ルールとモラルはどう違う？
50 イソップ寓話　レンガ職人の話
51 「ハイボール」から学ぶ「本質的安全設計」
52 徳川家康と安全・安心⁉
53 生きてゆくための手すり

第4章
伝える力を育む　125
コミュニケーション・絆を深め〈かためる〉

54 「伝える」と「伝わる」の違いを理解しよう

55「大切な人へのラブレター」で、心のセンサーを磨こう
56「聞けばわかるだろう」が通じていないこともある？
57 パラシュートは役に立たない⁉
58 思わず身を乗り出したくなる！
59「やばい」という言葉はやっぱり「やばい」⁉
60 ひらめきを大事にする
61 まずは身近な人から思いやり
62「読むクスリ」は薬局で、それとも書店で？
63 常識的回答と実態のズレ
64「おたがいさま」でたがいに成長を
65 言葉は知っていても正しく使えていないこと
66 マナーをアップデートする
67「つもりちがい」を積もらせない
68「喜べば　喜びごとが喜んで　喜び連れて　喜びに来る」
69 下手をどう読みますか？

第5章
そして未来へ
159

挑戦し続ける意志を〈かためる〉

70 会社の「人格」を磨いていこう
71 私たちの仕事は宇宙につながっている⁉
72 六つの「C」で新しいものを生み出そう
73 好奇心をもって歩けば「大福」に出合う！
74 8Kテレビと葛飾北斎《かつしかほくさい》～北斎のあくなき探求心、挑戦に脱帽～
75「月」に夢見る！
76 赤々と輝く「鑠《しゃく》」のように！
77 誰にもある無限の可能性
78 明日は希望のはじまり、「tomorrow」を合言葉に！
79「想像を一歩一歩超えていく」パラリンピアンの言葉
80 サスティナブルと先見の明
81 可能性の扉は自動ドアではない
かためる会社　ケイハンについて　184
おわりに　190

第1章

伝統を守り次代へつなげる

先人に学び、自分のスタイルを〈かためる〉

1 ハンバーガーに学ぶ「人を納得させる、オリジナル流儀」

少し変わったハンバーガーのお話です。左ページの写真のハンバーガー、見た目がちょっと変わっています。バンズの上に当たる部分がお皿に触れていて、本来底になるほうがテッペンになっている「逆さハンバーガー」。はじめてのお客さんは「間違いじゃないの」と戸惑うようですが、でも、じつはこれを70年近く「正統」としているお店があります。以前にご当地バーガーがブームになりました。その火付け役となったのが長崎県の佐世保バーガーですが、その元祖と呼ばれる『ブルースカイ』という、カウンター席10足らずの小さなお店で出されるハンバーガーが、この「逆さま」スタイルなのです。

奇をてらっているように感じられるかもしれませんが、食べるときに両手の親指をパンの上に、残りの指をパンの底に押し込む。そして、自分のほうにくるりと回転させると、ハンバーガーの正面が向こう側にいくことになります。こうすることで食べている姿をほかの人が見たときにも、とても美しく、おいしそうに見えるのです。「自分の好きなように食べればいい」といってしまえば、それまでですが、実際、パンをしっかりもつことになるので、具やソースを落としにくくなり、皿やテーブルを汚すことなくきれいに食べられます。しかも、最後までバランスよく食べられる。まさに理に適《かな》った食べ方なので、誰もがこの食べ方を守っているのです。

このお店、小さなこだわりであっても、守るべきものは頑固《がんこ》に守るというスタイルで、いまでも多くの人に愛されています。我流とか押しつけではなく、お客さんのことも考えたうえでの自分の「スタイル」、あるいは「流儀」をもっている店といってもいいでしょう。**人から愛されるもの、ずっと変わらないもの、いちばんであり続けるものには、長い月日で培《つちか》われたスタイルや流儀が必ずあります。**侵してはいけないと思わせるような風格さえあります。一朝一夕で、たやすくできるものではありませんが、「なるほどね」と人を納得させる自分なりのスタイルや流儀を、日々の仕事のなかでも見つけて、確立していければいいですね。

２０１８年春

佐世保バーガーの老舗『ブルースカイ』のハンバーガー。下の写真のようにもってひっくり返す

2 雑誌はやっぱりおもしろい⁉「印象」に惑わされない

かつては電車のなかで新聞や雑誌を読んでいる人をよく見かけましたが、いまはほとんどの人がスマートフォンをいじっています。雑誌が衰退した、売れなくなったといわれてどれくらいになるでしょうか。たしかに休刊、廃刊になった雑誌はたくさんありますね。最盛期に653万部を誇った『週刊少年ジャンプ』もいまでは200万部※ですし、2016年にも『TVぴあ』『ケイコとマナブ』『AneCan』など一時代、一ジャンルを築いた雑誌が休刊になっています。それで「雑誌は終わりだ」「先行きは暗い」などと耳にすることが増え、極端にいえば、雑誌はもう消滅してしまうものなのだと、なんとなくそんなふうに感じてしまいます。

ではいったい、世のなかにどれくらいの雑誌が発行されているかをご存じでしょうか？日本国内にかぎっても、じつはいまでも1万7000タイトルもあるそうです。

ユニークな月刊誌を少しあげてみましょう。昆虫を扱う『月刊むし』、バードウォッチング専門『BIRDER』、缶詰情報だけに特化した『缶詰時報』、時季に応じた新作を紹介する『おりがみ』、そのほかにも『海洋』『エスペラント』『助産師』なども月刊誌、ありとあらゆるジャンルに1誌ないしは2誌、3誌と雑誌が発行されています。

鉄道ファンの方ならご存じかもしれませんが、『JRガゼット』『subway』『新幹線Explorer』『鉄道ジャーナル』『鉄道車両と技術』『鉄道デザインEX』『鉄道ピクトリアル』『鉄道ファン』『みんてつ』『モノレール』『鉄おも!』……鉄道ものだけで10誌を超え。バス、飛行機、車と広げれば、交通関係だけでも相当なものになります。もちろん、鉄鋼関係、工場、安全関係の雑誌も発行されています。

すべてのものがいつまで続くかはわかりませんし、なかには形を変えていったり、淘汰《とうた》されていったりするものもあるでしょう。しかしこんなふうに俯瞰《ふかん》してみると、元気がないのは一部のことで、雑誌はまだまだ必要とされているものであるとわかります。日本の文化やアカデミズムを支えているものだと実感できるのです。

日常のなかで断片情報に惑わされて偏った印象をもってしまうということは案外多いものです。東京の都立多摩図書館では、日本で発行されているほとんどの雑誌を最新号だけでなく、バックナンバーも閲覧できます。遠くまで足を運ばなくても、近くの図書館などでも、自分の知らない雑誌に出合えると思います。**「一を聞いて十を知る」感性も大切ですが、「一を聞いてこうだと間違った思い込みをする」ことのないよう、印象操作に乗らないよう、しっかりアンテナをはりめぐらせていきましょう。**

２０１７年６月

※『週刊少年ジャンプ』はその後、２０２２年には１２５万部まで減少

3 「線香花火」の西東

夏本番です。京都の夏の風物詩といえば、まずは祇園祭でしょうか。京都本社※のある小《こ》結棚町《むすびだなちょう》は放下鉾《ほうかぼこ》の町。今年も私は裃《かみしも》をつけて帯同しました。炎天下、汗びっしょりになりましたが、おかげさまで身も心もリフレッシュできました。

そして、夏といえば花火です。打ち上げ花火、ロケット花火、ねずみ花火、いろいろな花火がありますね。いまの事情はよくわからないのですが、大きな花火大会などではなく、家族や友人と庭や野外で花火を楽しむときは、派手な花火で楽しんだあと、線香花火で締めるというのが一般的だったように思います。勢いがあった火花が徐々に小さくなって、いよいよおしまいかと思うと、もうひと花咲かせる、ほんとうに風情のある花火なのですが……じつはこの線香花火、地域によって形が違うというのを最近知りました。大きく分けて2種類、「スボ手牡丹《ぼたん》」と「長手《ながて》牡丹」があります。

【西】スボ手牡丹　300年変わらない線香花火の原型で、ワラの先に火薬をつけたのがはじまり。米づくりが盛んな関西地方にはワラが豊富にあったため、関西を中心に親しまれ、ワラの先に黒い火薬がくっついているタイプです。

【東】長手牡丹　関東を中心に親しまれてきた花火。関東地方では米づくりが少なく、紙すきが盛んだったため、ワラの代用品として紙で火薬を包んでつくられました。紙の「こより」のようなタイプです。

この「線香花火」のように、同じ言葉を使っていても、じつは別のものをイメージしているということに、ときどき出合います。とくに食関係で多いかもしれませんね。たとえば魚のすり身を揚げた「さつま揚げ」を九州などでは「てんぷら」というのを知らず、衣のついたものをイメージして注文したら違うものが出てきて戸惑った、という話なども耳にしたことがあります。「あら違ったのね」と笑い話にできるようなものならいいのですが、ビジネスの場で誤解や勘違いがあれば、取り返しのつかないことになってしまいます。

業界内だけで通じる言葉を世間一般で通じる言葉と勘違いしてしまっていることもあります。**ふだん自分が何気なく使っている言葉が、漠然としたイメージだけでなく、同じ内容のものとして、周囲としっかり共有できているか、あらためてチェックしていきたいものです。**

２０１７年７月

※２０２１年に二条駅近くに本社を移転

4 先入観は可能を不可能にする

今年（2022年）のサッカーの天皇杯はJ2のヴァンフォーレ甲府が優勝しました。3回戦のコンサドーレ札幌を皮切りにサガン鳥栖、アビスパ福岡、鹿島アントラーズと格上のJ1勢を撃破。格下が格上を倒す番狂わせ、ジャイアントキリング旋風を巻き起こし、サンフレッチェ広島との決勝でも延長戦後半11分でのペナルティキックという大ピンチをしのいで、勝利をつかみ取りました。

今シーズンはJ2でも低迷している「甲府」が優勝するなど誰もが予想しませんでした。以前、記したことがありますが、甲府は早い段階から科学的フィジカルトレーニングを取り入れています。動きの無駄を徹底的になくして「アジリティ＝敏捷性・瞬発力」を鍛えるトレーニングを取り入れているからこそ、それがこういう形で実を結んだのだと思います（前著『社長からの給与レター』参照）。

下位チームは若手を育て活躍するようになると、シリーズ後半に大金で移籍していくという、戦力ダウンの悲哀があって、なかなか年間を通して上に行きにくいという事情を聞いたことがあるのですが、一発勝負のトーナメントでは下剋上が起こりやすい。戦前の予想、いってみれば先入観が覆《くつがえ》されやすいわけなのでしょう。

「先入観は可能を不可能にする」

これはメジャーリーグ・エンジェルスの大谷翔平選手の座右の銘だそうです。2年連続でMVPを獲得できるか注目されていますが、※今年も二刀流で大活躍でした。

その大谷選手が大事にしているのが高校時代の恩師の「先入観は可能を不可能にする」という言葉です。高校時代、「160キロのスピードなんてとてもとても」と誰もが不可能だと思っていたことを、チャレンジしていくなかでクリアしていきました。

「できない」と思ったらそこで成長が止まってしまいます。

「なぜ、できないか」を分解していろいろ試してみる。

「そんなの無理」という先入観を払拭することが成長につながるのだと、あらためて肝に銘じていきたいですね。

2022年10月

※2022年のMVPはニューヨーク・ヤンキースのアーロン・ジャッジ選手が獲得。大谷選手は2位だった。2023年もまた6月、7月と連続で月間MVPに輝くなど大活躍

5 新しい名前に未来を託す

「この植物はなに?」という問いかけに「雑草です」と返答をしたら、「この世に雑草という種類の植物はありません!」と厳しくたしなめられた……これは昭和天皇のお人柄を現す有名なエピソードのひとつです。たとえ小さなものであってもどんなものでも、一つひとつに意味があり、十把一からげにはできない。人も同じで、その他大勢などと安易にとらえてはならないというお考えだったようです(植物学者・牧野富太郎博士にも同様の発言があるようです)。

たとえば「近所の山」とか「うちの裏山」といわれてもあまりピンときません。しかし「実家近くの鳥垣渓谷とシデの山はほんとうに美しい。稀少種の植物にもたくさん出合えます」などと、具体的に名前をあげていわれれば、なんとなく行ってみたくなりますね。

実際こんなふうに発信し、地図にも名前が記載されていなかった荒れた山を、知る人ぞ知るトレッキングコースに再生させたところがあるのです。限界集落を「水源《すいげん》の里」と呼び変えて集落再生を図る京都・綾部《あやべ》市の試みのひとつですが、そもそも「水源の里」という名前が素敵でポジティブな響きをもっていますね。ここには、〈上流は下流を思い、下流は上流に感謝する〉というキャッチフレーズもあるようで、自分だけでなく他者にも目くばり、心くばりをすること、周囲とつながることの大切さを思い返させてくれます。

なにかをはじめるとき、見直すとき、もちろんしっかりとしたプラン・計画を立てることが大切ですし、それを成し遂げたいという熱い想いが絶対不可欠です。そして、その**計画を皆で共有する、あるいは人に伝えていくためには、シンボルとなる「名前」や「キャッチフレーズ」も大事**ということでしょう。

ご承知のように、新日鐵住金《しんにってつすみきん》が２０１９年４月１日から日本製鉄と社名を変更することが発表されました。鉄鋼メーカーの国際競争が激しくなるなか、日本発祥の製鉄会社という立場を明確にするためだそうです。

創業の理念をしっかり心に刻んで、しかも変えることを恐れない挑戦を、仕事をサポートさせていただいている、私たちも見ならってまいりたいと思います。

２０１８年５月

6 愉快なことを見逃さない

先日、テレビの座談会で幸せと不幸せを定義していました。

「不幸せな人とはどういう人か」という説明のなかで、まずあげられたのが「不満やグチ、いいわけが絶えない人」でした。たとえばゴルフをやっていて調子が悪いと、「いやきょうは寒いから」、次の機会では「きょうはクラブが新しいから」「キャディが悪くて距離を間違えたから」などといくらでもいいわけやグチをこぼす人、これは不幸への直線コースです。

続いて「時間やものを無駄にする人」もあげていました。これも気の毒ですね。加えて「心が狭く、すぐに腹を立てる人」なども不幸な範疇《はんちゅう》に入ります。世のなかにはいやなことはたくさんありますし、愉快でないこともたくさん起こります。いちいち腹を立てていてもきりがありません。

でもこれは気持ちのもち方ひとつで変わっていきます。NHKの会長だった永田清さんが語られていた不愉快な人に対する処し方が素敵ですので、ご紹介しましょう。

「私は不愉快そうな顔をしている人を見ると次のように声をかけるのです。おっ○○君、不愉快そうな顔をしているな。君、**不愉快になるのはどうしてか知っているかい。それは愉快なことを見逃しているからだ**」と。

この話を聞いて「あっ」と思いました。自分が不愉快になるのは、愉快なことを見逃しているのだと。不愉快なことに苛立《いらだ》たないで、愉快なことを探せばいいのだと。いい話だ、すごい話だなと、そのときに感じたものです。

私たちは、気のもち方ひとつで、幸せにも不幸にもなると思います。そういうことを考えると、これから先の自分のなかで、またおたがいの仕事のなかでも大切なことは、意欲をもちながら、愉快な経験を蓄えていくことではないかと感じたものです。

炎暑の夏も遠ざかり、爽やかな行動の季節を迎えますが、おたがいに愉快なことを皆で探す会社にしていきたいです。もちろん、目標達成も愉快なことのひとつですね。

２００２年９月

7 「忙しい」には要注意

どんなにきれいな部屋でも掃除をしないといつのまにか埃《ほこり》がいっぱいになってしまいます。意識的に汚そうと思わなくても、なにもしなくても汚れてしまいます。

これは心や身体にも当てはまることですね。自分は若いから大丈夫、これまで病気したことがないから大丈夫と過信していると、思わぬ落とし穴があるので要注意です。

「忙しそうですね」といわれると、なんだか仕事をたくさんしているようで、ほめられた気になる人がいます。でも「忙」という漢字を左右に分解すると「心を亡くす」です。もしその言葉をかけられたら「あまり余裕がなさそう、バタバタして慌ただしい」と注意されたと心得て、自戒したいものです。

忙しさのなかで自分を見失わないようにしましょう。**「忙しいからできない、忙しいから無理」と口にするのは、それこそ、まさに心を亡くしていることにほかなりません。**自分で自分の成長のチャンスを逃しています。できる人は時間の管理をしっかりして、休むときはしっかり休んで、積極的に新しいことにチャレンジするのです。

忙しさは物理的な時間の長さだけではありません。休んでいても、心のなかになにかわだかまりや引っかかりがあると、それに拘束されている「多忙」の状態が続くことになります。結局、休んだことにはならずストレスをためていくことになります。いやなことをいわれた、自分の話を聞いてもらえない、意見が通らない、がんばっているけどうまくいかない、そんな不満が積もっていきます。

一つひとつは小さなことでも不満や不安は〈塵も積もれば山となる〉のです。そしてひとつ引っかかることがあると、つい気持ちが後ろ向きになってしまいます。

心の風通しを良くしましょう。困ったときは自分ひとりで抱え込まないで周りに相談する、周りもそれを受け止められるような環境であってほしいと思います。

ところで、私自身、「忙しいは心を亡くす」と聞いてから、なるべく「忙しい」という言葉を使わないようにしていました。文書では「ご多用のところ」というようにおき換えていましたが、送る相手によっては、この表現が少しよそよそしく、堅苦しく感じることがありました。あるとき、「漢字を使わないで〈いそがしい〉とひらがなにすればいいじゃない」と人からいわれて、それこそ目からうろこでした。話が飛躍するかもしれませんし、小さなことですが、人から指摘されてストンと腑に落ちることがあります。これも心の掃除かもしれません。

２０１９年３月

8 令和元年に

新しい御代《みよ》「令和」の時代を迎えました。

個人的なことですが、いまの天皇陛下は私と同じ昭和35年生まれ、しかも同じように早生まれなので、同い年・同学年となります。同世代の天皇陛下のもとでいい国づくりをと、こんなふうにいうと少し大げさになるかもしれませんが、一つひとつ丁寧な仕事を積み重ねていくことで、皆さまのお役に立ちたい、社会に貢献できればと願っています！

『文藝春秋』という雑誌の6月号で作家の平岩弓枝さんが、「令和」の「令」という字は屋根の下に大勢の人が集まってひざまずいている様子を表した文字だと書いておられました。古くから人は神々の言葉に耳を傾けて暮らしてきました。そこから転じて、「令」は御神託のような「善きこと」「とても大事なこと」を意味するものになりました。ご令室とかご令嬢といったたいい方があるのもそのためです。

ですから「令和」は「とても大事な和」という意味になるそうです。これはまさに当社ケイハンの社是「謙虚と和」に一致します。

ニュースでも度々報じられましたが、「令和」は『万葉集』の梅の花の歌32首の序文から取られたものです。

「時に、初春の令月《れいげつ》にして、気淑《よ》く風和《やわら》ぎ、梅は鏡前《きょうぜん》の粉《こ》を披《ひら》き、蘭は珮後《はいご》の香《こう》を薫《かお》らす」

現代ふうに訳せば、「ときは初春の良き月、空気は美しく風はやわらかで、梅は美女の鏡の前に装う白粉（おしろい）のように白く咲き、蘭は身を飾った香のごとく香りをただよわせている」となります。**「令和」には人々が美しく心寄せ合うなかで文化は花開くという意味が込められている**ようです。安倍総理が記者会見で「希望に満ちあふれた、新しい時代を切り拓いていく。若い世代が活躍できる時代であってほしい、若者がそれぞれの花を咲かせることのできる日本をつくりたい」というような内容を語られていました。

当社もＪＦＥスチール西日本製鉄所倉敷地区内に新しい成型炭工場を２０２０年に稼働させることが決定しており、５月には無事、起工式を行うことができました。まさに新しい花、しかも大きな花を咲かせようとしています。

社員一丸となって、「令和（大切な和）」をもって、喜びを分かち合っていければと思っています。

２０１９年５月

9 偉人伝・名言集のすすめ

新型コロナウイルス感染拡大などで不安な日が続きます。世界的に、人的被害（健康面）はいうまでもなく、経済面、教育、スポーツ、観光、文化、さまざまなところに影響が出ています。人類の英知を出し合っていい解決策が見つかり、少しでも早く収束していくことを願います。

こんなときは、ついいまのことだけ、目の前のことだけに心奪われ、余裕を失いがちですね。でも「目先のことだけしか見えない、考えられない」が「自分のことしか見えない、考えられない」につながって、ギスギスした、せちがらい世界にならないよう注意したいものです。当社の社是「謙虚と和」にも通じますが、周りをおもんぱかる気持ちをもち続けましょう。

人間は苦しい状況を何度も克服してきました。もちろん、いまのこと、目の前のことも大事ですが、人間は過去に学ぶこともでき、それが明日につながるということです。

「辛いとき、困ったとき、迷ったときは偉人伝や聖人伝を読むといい」といわれています。偉人伝などには問題を解決するための直接的なノウハウ、いまの悩みを解き明かすヒントが紹介されているわけではないけれど、生きる勇気、前に進む原動力を与えてもらえるということでしょう。

そして、偉人の名言を集めた書籍もたくさんありますね。手元にあった『10代に伝えたい「人生を前に進める名言集」』（大和書房）のなかから、いくつかピックアップしましょう。

☆**「人生で経験したすべての逆境、トラブル、障がいがわたしを強くしてくれた」**（ウォルト・ディズニー）

☆**「目標達成への近道は今日すべきことを全力ですること」**（高橋尚子）

☆**「大切なことはなにに耐えたかでなく、いかに耐えたかということ」**（セネカ）

☆**「絶体絶命のときに出る力が、本当の力なんだ」**（本田宗一郎）

☆**「下を向いていたら虹をみつけることはできない」**（チャップリン）

……ほかにも本屋さんをのぞいたり、インターネットで検索したりすると、いろいろな時代のいろいろな名言が見つかるでしょう。

これまでに出合ったことのないものとの遭遇は不安を増幅させ、どのように対処していくかの舵取りも難しいですが、こんなときこそ、心を折らないようにしたいものです。健康・安全には十分留意して、前を向いていきましょう。

２０２０年３月

10「たかが掃除というなかれ」

コロナ禍、感染予防のために少しでも清潔にしたいということからか、シャワートイレ（「ウォシュレット」）がアメリカで売れているそうです。トイレをきれいにすることが「命を守る」ことに直結するわけです。ひと昔前に植村花菜さんの「トイレの神様」という歌が流行りましたね。大晦日《おおみそか》の紅白歌合戦でも歌われたので、覚えている方も多いでしょう。

「♪トイレにはそれはそれはキレイな女神様がいるんやで。だから毎日キレイにしたら女神様みたいにべっぴんさんになれるんやで♪」

日本ではトイレ掃除は基本のキ、掃除は自分磨きにつながるなどといわれてきましたが、この精神はしっかり守り続けていきたいものです。

『たかが掃除と言うなかれ』（山本健治　日本実業出版社）という本があります。15年前に書かれた本ですが、成功している会社、トップを維持している会社の社風には「掃除を大事にする」というものがあるという事例をいくつも紹介するものです。まえがき（プロローグ）に書かれていた掃除の五つの意味をここで紹介しましょう。

第1に「掃除とは準備作業であると同時に、これを以って完成する作業」
第2に「点検と予防」
第3に「『質』を表すバロメーター」
第4に「掃除とは『人を磨くこと』」
第5に「掃除は『喜び』」

ここで、一つひとつを丁寧に解説するスペースはありませんが、標語（見出し）からだけでも感じられるものがあると思います。

同書には陶芸家・河井寛次郎《かわいかんじろう》さんの言葉「高きにともす　人間の高さにともす」も紹介されていました。高いところに灯をともそうとするが、結局は自分の高さにしかともすことができない。**志というものは心して高きを目指さないかぎり安易に流れる。日々の積みかさねが大事であり、掃除ほどこれを見事に顕《あらわ》すものはない**とあります。

いい仕事を進めていくうえで、身の周りをきれいに、心もすっきりしていきましょう！まだまだ厳しい暑さが続きますが、健康に留意してください。

2020年8月

11 渋沢栄一から学べること

電子マネーが普及しキャッシュレスが進む一方で、最近は自分の知らぬ間に銀行口座から不正にお金を引き落とされたり、それに関連した新しい詐欺が生まれたり……そんなニュースを目にするにつけ、やはり「現金」も大事だと考えさせられます。

ところで、1万円札の肖像画は現在は福沢諭吉ですが、2024年から渋沢栄一に変更されることが決定しています。今回はその渋沢栄一について少し解説しましょう。

渋沢栄一は株式会社制度を導入し、第一国立銀行（日本最古の銀行、現在のみずほ銀行につながる）ほか、あらゆる分野に会社を興し、王子製紙、日本鉄道、大阪紡績、東京瓦《ガ》斯《ス》など、500以上の企業を興し、手形交換所や商工会議所を組織し、「近代経済の父」と呼ばれた人物です。

「事業は国利民福を目標とすべきであり、大衆の資金を募って利益は確実に還元すべし、経営者が事業と利益を独占してはならぬ」の言葉通り、創設した会社を支配することなく、東京商工会議所の会頭として企業家や経営者の相談役として尽力したのです。渋沢の小切手を手に入れると、誰もが渋沢との取引があると自慢して信用の保証にするので、なかなか返ってこなかったそうです。

その渋沢栄一が関東大震災のおりに唱えたのが「天譴《てんけん》論」でした。世の風潮が利己的、傲慢になったから天罰が下ったのだという考えです。自然災害はまさに人智を超えた、人間の解釈を超えたところで起こるもの、人の善悪とは関係なく起こるものですし、被災された方々はなんの罪もない被害者ですが、**大きな自然災害を通して、謙虚にそれぞれの生き方を見直す、反省する**という渋沢栄一の前向きな姿勢は、未知なる新型コロナウイルス感染拡大の厳しい局面に際して、現代人へのヒントにもなるのではないかと思います。

おかげさまで当社ケイハンは88周年を迎えることができました。新工場も稼働し明るい前向きな話題に包まれていますが、世のなか全体を見まわすとコロナ禍は収束せずまだまだ閉塞感が漂います。浮かれることもなく、落ち込むこともなく、この状況を振り返りのチャンスととらえ、渋沢が日本の経済をさらに発展させていったように、粛々といますべきことを進めていき、次のステージへの礎《いしずえ》にしていきましょう！

２０２０年９月

12 ほんものを究めようとすると、次のテーマが生まれる

皆さん、「和がらし」はご存じですね。

いうまでもなく、おでんや豚の角煮、トンカツ、あるいは菜の花のからし和えなどに欠かせない調味料です。「洋がらし（マスタード）」に対して「和」がつくから、当然、純国産と思いきや、じつは、その原料となるものは99・9％が外国産だそうです。

「からし」はからし菜の種を乾燥させてつくります。からし菜の種類によって、あるいはそのブレンドの違いで「和がらし」であったり「本がらし」であったり、酢や蜂蜜などを加えた「マスタード」になったりするそうですが、いずれのからしづくりでも基本となる「種」は限りなく１００％が外国産なのです。昭和30年代までは国内でも「からし」をつくっていたのですが、その手間の多さ、コストと見返りを比較するととても割が合わないようで、いまではほとんど、少なくとも商業用途ではつくられていないようです。

でも、そんななか、「和がらし」づくりにチャレンジしはじめたご夫婦※がいます。

「和がらし」づくりのきっかけを聞くと……、調理人でもあるご主人が、食材の展示会で素晴らしい「豚肉（白金豚）」と出合い、それではこの肉を使って究極のトンカツをつく

ろうと思いたちます。パン粉は天然酵母のパンを使い、小麦粉も卵も、自分たちが知っている最高のものをそろえ、自分たちで栽培したトマトなどの野菜を使ってトンカツソースも手づくりしてという具合に準備しているうち、トンカツといえば「からし」も欠かせない、それなら「からし」を吟味しようということになった。そして国産の「からし」がないこの状況に気がついたそうです。

このエピソードから**「ほんものを究めようとすると、さらに新しいことへの気づきが生まれる」というビジネスヒントを導き出すことができるでしょう。目的をもって動き出すと、どんどん新しいつながりが生まれてくることもわかる**でしょう。

「まだまだ身近なところに新しい発見がある」と情報のアンテナの感度を高めていきたいものです。まずは「和がらし」にちなんで、日々の暮らしに適度なスパイスを取り入れていきたいものです！

２０２２年２月

※京都府綾部市の高山和洋さん　真純さん夫婦。ネットショップ「ほどほど屋エイト」から購入可能

13 美空ひばりさんの言葉「尊敬することからはじめなさい」

美空ひばりといっても若い人にはあまりピンとこないかもしれませんが、名前ぐらいは耳にしたことはあるでしょう。本家本物でなくものまねタレントを通してその存在を知っている人もいるかもしれません。歌唱力抜群で数々のヒットを飛ばし、昭和の歌姫と呼ばれた女性アーティストです。

「たったひとつのものさしだけで人を評価してはいけない。まず尊敬からはじめなさい」

これは美空ひばりさんが雑誌の人生相談で答えた言葉です。

たくさんの相談のなかから選ばれたひとつに「義父は県議会議長を務めたこともあって、人柄も良く人から慕われているけれど、義母は義父の威光をかさに人を見下すところがある。これを直してもらうにはどうすればいいでしょうか」というものがありました。

それに対してひばりさんの回答は「人にはそれぞれの生き方、それぞれの役まわりがある。たったひとつのものさし、自分のものさしだけで人を評価してはいけません。まず、あなた自身がお義母さんを尊敬することからはじめなさい」という趣旨のものでした。

『小さな「ことば」の大きな力』（蒲田惠里　育鵬社）という本で紹介されていましたが、

お嫁さんの相談なのに、そのお嫁さんをさり気なく注意するというのは、いかにもひばりさんらしいです。

彼女はお嬢と呼ばれる大歌手で、カリスマであり、女王。見る人によっては人を寄せつけない存在と映ったかもしれないけれど、じつは、それは自分や自分の周囲を守る、あるいは自分の価値を高める演出によるものだったのでしょう。実際は、ひばりさんご自身が**ひとつのものさしだけでなく、たくさんのものさしをもっていた。他者への尊敬とやさしい眼差し、心くばりがあったからこそ、ほんものとして長く活躍されたの**でしょう。

人は往々にして、ほかの人のできていないこと、できていないと思えることに対して、厳しい目を向けがちですが、それが自分都合の一面的にとらえたものでないか気をつけていきたいものです。

会社の上司部下の関係であっても、あるいは夫婦や親子、きょうだいの関係であっても、一点をとらえて批判をするのではなく、たがいに、相手のいいところをたくさん引き出し合っていける、いい関係を築いていきたいものです。

２０２３年３月

14 小学生と人間国宝

陶芸家で人間国宝の前田昭博《まえたあきひろ》さんは、自分が生まれ育った鳥取県の西郷《さいごう》というエリアを「陶芸の郷」にして、若い作家の人たちが活躍できるように尽力されています。「人間国宝」と聞くと、なんとなく「わが道を行く」「孤高の人」というイメージを抱きがちですが、そうではなく、地域創生のため、そして若い次世代育成のために、ご自身がもっているもの、技術的なことだけでなく、人脈なども惜しみなく提供されています。

なかでも感心するのは小学生の給食用の「茶碗づくり」。西郷小学校では1年生から2年生になる春休みに、児童が翌年度から自分で使うお茶碗を、前田さんをはじめ地元の窯元の指導のもとでつくるのです。そして2年生になってから卒業するまで、毎週水曜日にその「MY茶碗」で給食を食べるというわけです。人間国宝に手ほどきを受けた、世界にたったひとつだけの器で食事をするなんて、なんとも贅沢な話です。

食育の一環として、その地域の食材を使った郷土料理をつくって食べる、なかにはもちろん年に一度と限定ではあるけれど、和牛だったり、カニだったり、ウナギ、フグ……高級食材を給食メニューに出すところもあるようですが、西郷の「陶芸の郷」の試みはそれらとは一線を画すユニークなものです。

富裕層向け旅行の添乗員をしている方に、五つ星高級ホテルで毎日食事ができて羨ましいねといったところ、常にお客さんに気くばりし次の段取りを考えていかなければならないからゆっくり味わったことなどない、正直、おいしいと思っている余裕はないと返ってきたことがあります。どんなに高級な料理でも食べる人の心がここにあらずでは、せっかくの料理が台無しになってしまいます。スーパーなどで買ってきたお惣菜も、そのままの容器ではなく、お皿にきれいに盛りつけてから食べると別物のように感じるかもしれません。

西郷の取り組みは、**食事とは「ただ食べるだけのことではない」ことを子どもに教えると同時に、自分がつくった器だから愛着がわき、ものを丁寧に扱うことを覚えることにもつながっています。**

新茶の季節がやってきます。ペットボトルのお茶も悪くはありませんが、ときには急須で丁寧に淹《い》れたお茶を味わってみてはいかがでしょう。ほんものに触れる機会を意識してもちましょう。

２０２２年４月

15 責任はことの起こる前に負うもの

日本語のなかには意味があいまいな言葉が少なくありません。ビジネスの場では真の意味を認識していないと問題が起こります。

たとえば「責任」ということについて誤認が横行しています。年度目標の未達成の場合、責任はどう取るべきか？　あるいは担当している仕事に事故を発生させたらどうするのか？　多額の補償は個人で負担できるものではありませんし、万が一、誰かを事故で死亡させたとき、辞表を出したら、それで責任を取ったことになるのでしょうか？

京都大学で品質管理の権威、そして第一次南極越冬隊長やヒマラヤ登山の隊長まで務めたことのある西堀榮三郎さんが、かつて次のように語っておられました。

「私がヒマラヤで隊員をひとり失ったとき、責任をどう負うべきか、いくら考えても答えが出なかった。そこで登山仲間の今西錦司君（京都大学名誉教授・文化人類学者）に批判を仰いだところ、叱り飛ばされた」

この叱責の内容にはハッとさせられるものがあります。

「責任というのはことが起こってからやることをいうのではない。ことの起こる前にどういう態度でいるかということがいちばん重要。そのことの起こる前にお前がその隊員の安全に対し、ほんとうに真剣に執念をもって考えていたとしたら、必ずピクッと感じるインスピレーションが働くはずだ。これがなかったということは、それは執念が足りなかったといわざるを得ない。だから、責任を負うということは、その事件の起こる前に、そういう気持ちというものが非常に強くなければならない。もっとも強い関心をもって、ちゃんとした適当なアドバイス、助言を与えるべきであった。極寒のなかで無線機が作動しなくなったらどう対処すべきかなど、パーフェクトといいきれるところまで詰めて考えていたかどうか。繰り返していうが、**責任者というものはことが起こってから責任を負うというのではなく、その前に負うものだ**」

この言葉を肝に銘じておきましょう。

3月は決算月です。自分の目標に真の責任をもつならば、ゴールまでの残された日々を死にもの狂いで立ち向かうことです。そして新年度の目標を達成するための真の責任を果たしてください。なお、**ゴールという英語の意味は終着点でなく、目標・目的地であり、得点になるというのが真意**であることを付記しておきます。

2000年3月

16 サッカーとジャズ、アメフトとクラシック

アメリカンフットボール（アメフト）は、ひとつのチームのなかにオフェンスとディフェンス専門のチームがそれぞれあり、またそのなかでもボールを投げる人、受け取って走る人、あるいはただただ相手にぶつかって道（進路）をつくる人など分業が徹底されていて、そのスペシャリストたちが、クォーターバックやラインバッカーからの指令をもとに、事前に用意されたプランを状況に応じて展開します。

それに対してサッカーはもちろん、フォワードやディフェンダーなどのポジションはあるものの、分業はそれほどでもなく、ひとりがいくつも役まわりをせざるを得ないようにゲームが進んでいきます。ときにはディフェンダーが攻撃に参加するなど、皆が全体の構図を見ながら自分の判断で動いています。即興も多いけれど、組織的にゴールを目指して全体が秩序をもって動いています。

このふたつのチームスポーツの違いは、少し乱暴な比較になるかもしれませんが、音楽でいえばクラシックとジャズの違いに似ているといえるでしょう。クラシック音楽は作曲家が書いたスコアという音楽プランが多くの楽器に分業した演奏者たちに、出すべき音を

音符という形で指定しています。その音符の指定に解釈を加え、つながりと全体像をもった音楽に仕立てていくのが指揮者の役割です。

一方、ジャズではひとつのメロディという大枠を共有したうえで、奏者が繰り広げる即興演奏が命です。ピアノからサックスへ、サックスからドラムへ、ある程度の基本的な共通の枠組みを共有しながら、相手の音を聞きながら、各奏者は、それぞれ次はどうしようかと考える。相手との相互作用を考えての即興ですから、ただの気ままではありません。つながりがあって全体として流れるようなアンサンブルになり、そのときの心理的共振があり、熱気が生まれるのです。

それぞれの優劣を論じようというのではありません。サッカー、アメフトどちらもおもしろい。音楽も、ときにはクラシック、ときにはジャズをと、そのときの気分しだいで楽しめます。

じつは**ビジネスの場でも同じこと。担当する職務に徹してやり抜かねばならないときもあれば、ほかの仕事を進んでヘルプしなければならないときもある**わけです。とくに経営環境が不安定なときは、サッカーやジャズ的な動きをせねばならないときもあるでしょう。

臨機応変な対応を考えながら、精進していきましょう。

２００９年７月

17 エリザベス女王の言葉「思い描いている通りの姿でいなくてはならない」

イギリスのエリザベス女王陛下が亡くなられ、先日国葬が執り行われました。

ご生前、エリザベス女王はもちろんTPOに合わせて服を選ばれていたのですが、公式でなく格式を必要としない場では、紫であったり、グリーンであったり、ピンクであったり、派手な色のものをお召しになっていました。

これは〈国民の目を楽しませたい〉〈少しでも明るい気持ちになってほしい〉ということからだったそうです。

「I have to be seen to be believed.（私は、人々が思い描いている通りの姿でいなくてはならないのです）」

これはエリザベス女王の言葉です。

常に他者を意識し他者を尊重したエリザベス女王。女王の棺は沿道の人々からでもよく見えるようにとガラス張りの霊柩車に載せられるなど、亡くなったあとも「見られること」への配慮がされていました。

おしゃれは自分のためではなく、他者のためのものと耳にしたことがあります。そして

また、他者の目が自分を成長させてくれるともいいます。

ファッションにどれくらい気をつかうか興味をもつかは、もちろん人それぞれで自由なことですが、髪をととのえるとか、無精ひげは伸ばさない、清潔なものを身につけるようにする、またファッションだけでなく、身の周りを整理整頓するなど、それらは自分のためだけでなく、周りのためであると自覚して、身ぎれいでいるようにしたいですね。

「It has always been easy to hate and destroy. To build and to cherish is much more difficult.（憎しみ、壊すことはたやすいこと。築いていくこと、大切にすることが、はるかに困難なのです）」

これもエリザベス女王の言葉です。

当社ケイハンは9月9日に創業90周年を迎えることができました。

ここまで会社を築いてこられたことへの感謝と喜びを胸に、次の節目、100年に向けて皆で一丸となっていきましょう！

2022年9月

18 風薫る季節、神社仏閣で心と身体をリフレッシュ

5月15日、16日と葵祭《あおいまつり》が行われ今年は上皇陛下、上皇后陛下が観覧されたほか、コロナ以降4年ぶりに路頭の儀（行列）も催行されました。

平安時代には「まつり」といえば、下鴨、上賀茂神社のお祭りを指していたという日本最古のお祭りが、いまも粛々と進められていることに歴史の重みを感じます。葵祭に先だち5月12日には御蔭祭《みかげまつり》（御生神事《みあれしんじ》など）が行われ、大雑把にいえば、神さまが新たに生まれ変わられたタイミングで、葵祭を行い、天皇の勅使をお迎えするわけです。

下鴨神社の境内には「糺の森《ただす》」が広がっています。高野川と賀茂川の中州《なかす》・只洲《ただす》にあったから、ただすという名前がついたともいわれますが、神域にあって、まさに心が正されて、迷いがふっきれるところともいえるでしょう。

日本人ではじめてノーベル物理学賞を受賞した湯川秀樹《ゆかわひでき》博士は、ご自宅からほど近いこの「糺の森」をよく散策されていたそうですし、同じくiPS細胞でノーベル生理・医学賞を受賞した山中伸弥《やまなかしんや》博士も京都大学近くのここをジョキングコースのひとつとして利用されているそうです。

私はほぼ毎週、自宅近くを小一時間、散策しています。下鴨神社は少し遠いので散策コースには入っていませんが、近くには嵯峨天皇ゆかりの大覚寺をはじめ、大小さまざまな神社仏閣があり、足を運び手を合わせることで、力をいただいているように感じます。

神さま、仏さまを信じる、信じないはまさに信教の自由ですが、それでも自分が謙虚になれる場所、心がリフレッシュできる身近なスポットがあるといいですね。

風薫る季節、休みの日には少し外を歩いて、心も身体も元気になりましょう。

２０２３年５月

※京都の「伏見稲荷大社」と当社ケイハンは少なからずご縁があります。昭和７（１９３２）年、祖父、西田小太郎が京城（現在の韓国ソウル）で西田商店を開業、戦後日本に引き揚げてから国鉄との取引を開始したのがケイハン創業の歴史ですが、創業者はもともと石川県出身で、その同郷に伏見稲荷の故・坪原喜三郎宮司（のちの名誉宮司）がおられました。京都での県人会かなにかで知己を得て、そのご縁から毎年伏見稲荷におまいりをするようになり、また節目の行事などに御祈禱をお願いするようになっています。以来、大きな事故やトラブルもなく、もちろんリーマンショックなど厳しい状況のときもありましたが、それでもこうして事業を継続、成長・発展させてこられたのは、きっとお稲荷さんのご利益があったからでしょう。

第2章

変わることを恐れない

変革・改善の意識を〈かためる〉

19 継続とは小さな問いを立てること

京都の洛南高校出身で東洋大学の桐生祥秀《きりゅうよしひで》選手※が、日本人としてはじめて100メートル10秒の壁を破りました(9秒98)。柔道や女子新体操でも日本選手の世界大会での躍進がニュースで報じられ、東京オリンピックへの期待は今後ますます高まりそうですね。

さて日本人アスリートといえば、溝口和洋《みぞぐちかずひろ》さんをご存じでしょうか?

私とほぼ同世代、やり投げの選手でした。オリンピックでは残念ながら結果が残せなかったのですが、世界大会では何度も優勝。1989年には当時の世界新記録を達成(しかし不可解な計測し直しがあり幻に終わります。それでも日本新記録でありこの記録は30年近く経った現在も破られていません!)。現役引退後は、ハンマー投げの室伏広治《むろふしこうじ》選手の才能をいち早く見抜き育てあげるなどし、陸上界ではレジェンドと呼ばれている人です。

やり投げは、ご存じのようにやりを片手にもって前向きに走り、勢いを利用してやりを遠くまで投げる競技です。でも溝口さんは「前向きに走って勢いをつける動作がほんとうに理にかなっているのか」とまで疑い、それを確認するために後ろ向きで走ったといいます。そして前向きで走ったほうがいいと心から納得して、元に戻したのです。「レジェンドならではの破天荒な逸話」といえばそれまでですが、否、じつは破天荒とはまったく別で、溝口さんは「小さな問い」を立てる名人だったともいえるでしょう。

野球選手としても監督としても結果を出した落合博満さんが「プロなら自己分析するのは当たり前でしょう」と発言していましたが、常に改善点、そのときどきのベストを「問い」かけることが大切です。

根性だけではなかなか続かないものです。なんとかがんばって続けることができても、漠然と続けているのでは、成果は上がりません。それは「単なる習慣」であって「勝利を得るための習慣」にはなりません。パフォーマンスを上げ成果を得るためには「小さな問い」を立て続けること、そしてその答えを見つけ「報酬を得る」ことです。

大きなビジョンを掲げ、その実現を目指すことはもちろん大事です。でもその実現には「小さな問い」と「小さな報酬」を積み重ねていくことが必要。これはアスリートだけでなくビジネスの世界にも当てはまるでしょう。

日々、小さな問いを立て、試行錯誤を続けていきましょう。

２０１７年９月

※桐生選手はその後日本生命に所属、また２０２１年に山縣亮太選手が９秒95で日本記録を更新している

20 戌《いぬ》年は新しい芽吹きのための準備期間

2017年、平成29年も残りわずかになりました。

この時期恒例ですが、来年の干支「戌」について少し調べてみました。

犬は「人祖」として人間の生誕に深くかかわっているそうです。

日本には古くから妊婦さんが戌の日に腹帯を巻く風習があります。一般的には犬が安産だからそれにあやかってのようです。

それから、昔話「花咲か爺さん」でポチが「ここ掘れワンワン」と鳴いているように、犬は財宝の発見者にもなっています（財宝と縁があるのは白い犬で、花咲か爺さんに登場するのも白い犬でした。ちなみに、この昔話に登場する犬はポチという説とシロという説があります）。

そして漢字の「戌」は「茂（しげる）」と同じ意味の「戊」と「一陽（冬が終わり春を迎える）」の「一」とで成り立つ字です。戌は「滅び」と説明している辞書もありますが、それは表面的なとらえ方で丁寧に読み解くと……、
草木が成長し大きくなるのはいいけれど、茂りすぎると陽が当たらなくなります。繁栄

の後に滅びが待っているわけで、それを防ぐためにはいわゆる剪定《せんてい》をしなければいけません。でも刈り込みすぎると、かえって木をダメにしてしまいます。

すっきりと余分なものをそぎ落としながらも、**命はしっかり宿らせて、これから迎える春に向けて、光を受けて新しい芽吹きのための準備をしている姿を「戌」という字が表している**のです。

当社ケイハンは本年9月に創業85周年を迎えることができました。大きな節目を迎えることができたわけですが、90周年、１００周年へと、さらに高みを目指していくために、来るべき「戌年」の本来の意味に沿って、見直すべきものは見直し、無駄があれば無駄をなくし、身も心もすっきりしていきましょう。

２０１７年12月

21 心の「三脚」を取り払おう

ある会合でグループ写真を撮る際、たまたまプロのカメラマンが居合わせました。その人が、正面を向いている人たちの体の向きをほんの少しだけ斜めに変えさせたのですが、それはその方向の窓から光が射し込んでいて、より明るくきれいに映るからでした。瞬時にいい光を見つけるというのは、さすがプロだなとあらためて感心しました。

撮影者の立つ位置も大事で、案外、素人がやりがちなのは撮影者自身が影をつくって被写体を暗くしてしまうことだそうです。私たちも**仕事での「正しい立ち位置」を常に意識して、いい光（成功）を得るようにしたい**ですね。

そして、そのプロカメラマンから「三脚」は使わないほうがいいとも教わりました。皆さんのなかには写真愛好家の方もいて「え？　どうして？」と思われるかもしれませんね。実際、鉄道や風景写真撮影のときなど、プロ顔負けの機材を用意し三脚を立てて「場所取り」をしている姿をよく見かけます。

実際、いまでもカメラ教室などで三脚を立てることを勧める先生もいるそうですが、これは感度１００のフィルムを使っていたころの名残りです。昔は三脚を立てないと手ブレが起こったのですが、デジタルカメラならその心配はいらない。もちろん、夜景とか特殊撮影など三脚を必要するシーンもありますが、なにからなにまで三脚にカメラをわざわざ固定して、アングルを限定するのはもったいない。

最初からこうだと決めたものは「記録」にはなっても「記憶」には残らない。もっと自由にフットワークよくということなのです。たしかに、自由気ままに撮った写真のなかに思いがけないベストショットが生まれることもあるものです。

暦のうえでは立春をとうに過ぎたとはいえまだまだ寒い日が続きます。とはいえ、来るべく春に向けて、新しい光を求めて、気持ちを開いていきましょう。

これまではこうだったとか、このほうが安心だという、心の「三脚」を取り払って、さまざまな方向にチャレンジしていきましょう！

２０１８年2月

22 桜の花に力をもらう！

今月は桜のお話です。

岐阜県の根尾谷《ねおだに》の「薄墨桜《うすずみざくら》」は樹齢1500年、大正11年に特別天然記念物に指定されていますが、その後、何度も樹勢が衰え、いまから70年前、昭和23年には「3年以内には枯れる」と診断がくだされたそうです。

しかし、ある日、樹医が村にやってきて起死回生術をやってのけました。

老木の根を掘り出し、斜めに切り、別に用意した若い桜の木の根を同じように切り、この老若の根をぴたりと合わせてボルトで締める。そういう作業を二百数本の根に施《ほどこ》したのです。養分をとれない古い根に代わって、若い根が吸いとって老いた根に注ぎ込んでやるという試みでした。そして、数年を経て、老木は息を吹き返し、巨木の中央から若枝がわくように伸び花をつけはじめたのです。

この奇跡を目の当たりにした村人（いまは村ではなく市になっていますが）は、苔を落とし支柱を増やし、肥料を与え、周囲の水田を買い取って根腐れも防ぎ、薄墨桜の実生（種から若木）も育ててあげたといいます……ちなみにこの樹医が誰だったかは記録に残っていないそうです。

「大切なものをつなげて残していくにはベテランと若い力の一体化が必要である」とか、「創意工夫が大事である」とか、「ダメだとあきらめないでトライしたプラス志向がさらにプラスを生む」とか、実際に花を目の当たりにしなくても、話だけでも気持ちが前向きになれるエピソードですね。

また、最近ではベルリンの壁の崩壊したその跡地に、桜を植え増やし続けている日本人がいることを知りました。桜のエピソードは各地にいろいろあるようです。

今年の桜の開花予想が気象庁から発表になりました。

私は自宅から会社への通り道に桜の名所・嵐山がありますから、この季節になると車窓から毎日、花を楽しんでおります。皆さんは、今年はどこでどんな桜をご覧になるでしょう。前述のようにただ**花を愛でるばかりでなく、花の背後にあるものを感じとるのも「趣」がある**でしょう。

いろいろなものが芽吹く春本番となりました。花に元気をもらって励んでいきましょう。

２０１８年３月

23 「人生ゲーム」常に新しいステージに向かって

「人生ゲーム」というボードゲームはご存じでしょう。

ルーレットを回して出た目の数だけマス目を進んでいくシンプルなものですが、日本で発売されてから、じつは今年で50周年を迎えるロングセラーです。累計1400万個も売れているそうです。

もともとは1860年、アメリカで生まれ、そのベースにあったのは「聖書」。このゲームを通して聖書の教えに従い、〈悪行〉を戒め〈善行〉を奨励するものでした。「SUICIDE（自殺）」のマスに進んでしまうとポイントはすべて没収され、そのプレイヤーはその場でゲーム終了となってしまうルールになっていました。なによりも命を尊ぶことが大事なのです。

日本ではタカラ（現タカラトミー）から1968年に発売されました。

最初のものは「牧場の跡継ぎになる」「金鉱発見」「高級車ロールスロイスを買う」などアメリカの開拓者の成功ストーリーがベースでしたが、その後「お歳暮を贈る」「正月休みにスキーに行く」など日本独自の内容が加わり、平成版以降では「副業で始めた個人輸入代行業が大ヒット」「メタボ改善のためにスポーツジムに通う」など、そのときどきの世相も反映するようになっています。

現在発売されているスタンダードなものは7代目ですが、ほかにも「期間限定版」や「他業種とのコラボレーション」も多数あり、たとえば今年はミュージシャン「B'z」30周年や「週刊少年ジャンプ50周年」と連携した「人生ゲーム」の企画も進んでいるそうです。**時代、次代の空気を読みながら常に改良を加え、長く愛されてきたわけです。**※

当社のブリケット、成型炭もお客さまから長く支持されているロングセラーです。そこに改善のための努力があることはいうまでもありません。そして、平成から移行する新しい時代に新しいプロジェクトもはじまり、新しいステージを迎えることになります。

これまで以上に一丸となって、邁進してまいりましょう！

２０１８年９月

※ＳＤＧｓを学びながらオリジナルの人生ゲームをつくるプロジェクトなどが実施されたほか、２０２３年３月には「ドラえもん人生ゲーム」、また９月にはゲゲゲの鬼太郎とのコラボレーション版も発売予定

24 コンペとは「死闘」と訳すのが正しい

似ているようで根本的に違う言葉が少なくありません。「自由」と「勝手」をはき違えるなどはもってのほかですが、ほかにも1、2例を紹介しましょう。たとえば「関心をもつこと」と「興味をもつこと」を同列に考えがちですが、厳密にいうならば、「関心」は他人事のように見える問題でも、自分に当てはめ参考にし活用していく姿勢であることと理解してください。一方、仲間、部下、上司のミスやトラブルを酒のサカナにしたり、無責任に批判する人は「興味型」です。もし自分が当事者だったらと考え、自らの戒め、教訓としてつかむ人は「関心型」と評価できます、また関心は、英語でいえば「インタレスト（Interest）」でしょうか？　このインタレストの語源には「自分の手中にあるもの」、ひいては「利益」と説明されています。おたがいに、興味本位のレベルからは脱却し、目標達成のために大いなる関心を寄せていきたいものですね。

そしてもう一例、レースとコンペの違いについても触れておきます。

レース（Race）とは、いわゆる競争であり、競技で優劣を争い順位をつけることです。

一方コンペ（Competition）は優劣を争う競争であっても、レースとは異なりもっと凄まじいもので、1位がすべて、2位以下は意味がないと闘いとしての競争です。コンペを「競争」と最初に訳したのは、一万円札でおなじみの福沢諭吉だそうで、最初は「死闘」と訳したようです。しかし、これは日本の国民性にそぐわないということで、レースと同じく「競争」という訳におさまったといわれています。

海外スポーツの世界ではその名残として、1位だけが全賞金をとってしまう大会がいまもあると聞いたことがありますが、これは異民族間の争いの歴史が生んだ発想であり、勝利か敗北かという歴史観の産物といえるのかもしれません。これはビジネスの競争入札などでも同じで、たとえ僅差であっても1位以外に仕事はもらえません。入札だけでなく、いま日本のビジネスは生きるか死ぬか、勝ち組か負け組かと、はっきりさせられる環境に追いやられています。**緊張感をもって「死闘」の意識を忘れず、仕事に取り組んでいきましょう。**

２０００年４月

25「ザ・ローリング・ストーンズ」成功の秘密!?

「犬も歩けば棒に当たる」ということわざがありますが、皆さんは、このことわざをどんなふうに解釈されていますか?

棒に当たるとは、人に棒で打たれるということで、出しゃばると災難にあう、痛い目にあうというのが、このことわざの元々の意味でしたが、最近は〈当たる＝宝くじ〉ととらえて、じっとしていないで、とにかくアクションを起こせば幸運に出合えるというように使われています。言葉は生きているということでしょう。

「転石苔むさず(A rolling stone gathers no moss)」という英語のことわざもあります。イギリス人にとって苔は財産や社会的信用につながる良いものです。「転がる石」のように頻繁《ひんぱん》に転職をしたり引っ越したり、ふらふら落ちつきのない人生を送っていると、その良いものが身につかないという意味です。しかし、これがのちに、アメリカに渡ると、1ヶ所にじっとしていると垢《あか》や錆のように苔がついてしまって良くない、常にぴかぴかと輝く「転がる石」が望ましいと、まったく逆の意味になります。

若い人でも「ザ・ローリング・ストーンズ」をご存じでしょう。

50年以上世界に君臨するロックバンドです。

出身のイギリスだけでなく、アメリカはもとより世界中で人気を獲得、大成功を収めています。イギリスとアメリカではバンド名の意味合いが違うのに大丈夫だったの？　と思ってしまいますが、イギリスでは「根無し草の風来坊」が新しい文化を暗示させることになり、一方アメリカでは常に「転がる石」のように斬新な音楽をつくり続けることとなり……どちらの意味で解釈されてもマイナスにならないようで、彼らの成功には、そのバンド名の影響もあったのかもしれませんね。

冒頭の「犬も歩けば棒に当たる」もそうですが、**どちらの解釈が正しいとか、いい悪い、あるいは新しい古いではなく、その場に応じて両方を使いこなす、そんな柔軟性をもちたいもの**です。

今年は雨の日が例年以上に多く、もっとスカッと晴れてほしいと思いますが、「雨濯《うたく》」という言葉もあるように、雨のおかげで木々の緑や苔の緑がより美しく映えるともいえるでしょう。しっかり地に足をつけながらも、変化を恐れずポジティブに！　体調を崩しやすい時季ですが、健康管理に留意して、元気に明るく前向きに進んでいきましょう。

２０１９年７月

26 麒麟《きりん》がくる⁉

『ポツンと一軒家』という番組があります。

ご覧になっている方も多いと思いますが、先日、山奥に住む陶芸家の方が、「なぜここを選んだのですか？」という問いかけに、「自然に囲まれるとそこから学べるものがたくさんある、自然にはひとつとして同じものがないから」というように答えておられました。

たしかにたとえば木ひとつとっても、1本1本の太さや枝ぶり、葉のつき方が違いますし、同じ木でも刻々と成長しており、陽が差し込んだり風に揺れたりで表情が変わってきます。

横山大観は富士山に取り組んだ画家として有名ですが、なぜ横山大観は飽きもせずに富士山を描き続けたのか？……きっと描けば描くほどに新しい発見があり、その美しさや神秘性に魅了されたのでしょう。

芸術家、アーティストの感性はすごいなと感心しますが、いつも見ているものをあらためてしっかり見る、いろいろな角度から見る、小さな変化に気づくといった「ものを見る姿勢」を、ぜひ、私たちも学んでいきたいです。**「前に見たからもういいよ」などと軽はずみにいうのではなく、真剣に見れば、常に新しい発見があり、そこからアイデアも生ま**

れるのだと心得ましょう！

ところで、今年、２０１９年のＮＨＫ大河ドラマ『いだてん』は、数字（視聴率）は芳しくなかったようですが、宮藤官九郎脚本で新しい試みがありツウ好みの作品でもありました。そして来年はオーソドックスな時代劇『麒麟がくる』です。長谷川博己が戦国武将、明智光秀を演じます。

明智光秀というと「本能寺の変」で織田信長を討った逆臣というマイナスのイメージを抱く方が多いかもしれません。しかし明智光秀のおひざ元、京都の亀岡や福知山などの丹波地方では善政を治めた知将、茶道や歌にも秀でた教養人として高く評価されています。同じ人物でも視点が変われば評価も変わるということですね。今度の大河ドラマでは、これまでにない視点の明智光秀を描くとされていますので、楽しみです。

『麒麟がくる』の麒麟は中国に伝わる伝説の聖獣です。良いことが行われているところに現れるといわれています。令和2年、新しい年に良いことがたくさん行われ、聖獣が現れることを期待したいです。

２０１９年12月

27 イチローのルーティン

イチロー選手がまだオリックス・ブルーウェーブの若手だったころ、専属の打撃投手として「イチローの恋人」と呼ばれた奥村幸治さんのお話をうかがう機会がありました。

奥村さんはその後、阪神タイガース、西武ライオンズでの打撃投手を経て、大リーグで勉強を重ね、その後、中学硬式野球チーム「宝塚ボーイズ」を結成し、現在も監督を務めておられます（104ページ参照）。ニューヨーク・ヤンキースで活躍している田中将大※選手（マー君）も教え子のひとりです。イチローやマー君が実践しているあれこれを『野球に学ぶ「これからの生き方」』（扶桑社新書）や『一流の習慣術』（ソフトバンク新書）にまとめられているので、ご興味ある方はぜひお読みください。

さて、イチロー選手が「ルーティン」を大事にするというのはある程度有名な話ですが、今回、奥村さんからその徹底ぶりをお聞きして、あらためて驚かされました。「ルーティン」は「小さな目標達成の繰り返し」といい換えることができるでしょう。一般に目標というと高く掲げるほうが良いと考えがちですが、それだけだと、達成の喜びを得るまでに時間がかかり、できなかった場合は挫折にもつながります。大事なのは自分が毎日できる目標を設定し、達成の喜びを感じることだといいます。ヒットが出ない日が続くと、ふつうは居残って練習をしてどこが悪いかチェックしようとするものです。逆に調子がいいとそれを長く維持したいと思ってかえってオーバーペースになってしまいがちですが、キャンプ中に徹底的にベストの動きを身体に覚え込ませているので、ほんとうはシーズン中には余分なことをする必要はないそうです。**なにかがあってからあたふたするのでなく、日々、一つひとつに喜びをもって丁寧に確実にこなしていくことが大事であるということ**のようです。

ビジネス、会社・工場におき換えても同じことがいえるでしょう。

いつも、いつも刺激的なことがたくさんあるわけではありません。それでも、一つひとつを丁寧に進めていくことが「結果」「喜び」につながり、そして「安全」にもつながります。アクシデントにはいろいろな要因があります。一つひとつをここでは掘り下げませんが、事故が起こったことを皆が真摯に受け止め、あらためて「ルーティン」の大切さを見直していきましょう。

2020年1月

※その後、東北楽天ゴールデンイーグルスへ移籍、日本球界に復帰している

28 父の遺言「ちゃんとやれ！」

コロナ感染拡大の第3波が収まらず不安不自由が続きますが、こんなときこそ「人間力」「企業力」が問われるのでしょう。

ある飲食店では客足が減ったので、ランチタイムに無添加・安心素材のお弁当をつくって店頭で売り出しました。しかもただ並べておくだけではなく、おいしくて安全なことを道行く人に積極的に声がけしたところ評判になって、いまでは予約殺到だそう。

コロナ禍のその場しのぎだけでなく、営業時間中の新規顧客開拓にもつながっているのです。つまり、現況を把握し、先を見据えてしっかりアクションを起こせば、道は拓けるということでしょう。

ケイハンの前社長で、私の父、西田慎一郎会長が12月に永眠しました。

仕事に厳しい人でした。誰よりもケイハンという会社を愛し、亡くなる直前まで気にかけており、新しい倉敷工場のことなどを報告するととても喜んでくれていました。

その父がよく口にした言葉が「**ちゃんとやれ！**」です。

そして「できない」という言葉を嫌っていました。「できないはない」「いまはできないけれど、こういう準備をすればいずれできるようになる」「ひとりではできないが皆で力を合わせれば必ずできる」……**できない理由をあれこれ口にしているヒマがあるなら、できるように努力しろ**というわけです。

こういう姿勢でいれば悪い状況は必ず良くなる。逆に、いまは大丈夫とうかうかとしていると足元をすくわれる、まさに「ちゃんとやれ！」です。この「ちゃんとやれ！」を私への、そしてケイハンへの、会長からの遺言として、皆さんと共有していければと願います。一丸となってがんばりましょう！

今年も残りわずかになりました。1年を締めくくり、ケガをしないよう、コロナに負けないように、健康に留意して過ごしてください。

今年1年間、お疲れさまでした。ありがとう。

2020年12月

29 「良いことがある。ますます良くなる。必ず良くなる」

たとえば、幅50センチほどの白線の上を線からはみ出さずにまっすぐ歩いてみてといわれたとします。ケガをしていたり、高齢者だったり、身体にハンディがあれば別ですが、たいていの人はいともたやすくできるでしょう。でも、高さ何十メートルもある高層ビル群のビルとビルの間に、同じ50センチ幅の板を渡して隣のビルに移れといわれても、ほとんどの人は足がすくんでしまい前に進むことはできないでしょう。

〈想像力と意志が争うとき、必ず想像力が勝ち、例外はない〉

これはエミール・クーエというフランスの心理療法者（博士）の言葉です。

昔おぼれた経験のある人に安全対策をしたから大丈夫といくら理詰めで説明しても、その人はいざ水の前に立つと過去の記憶がよみがえって恐怖で怯《おび》えてしまいます。意志や理性よりもイメージが優先されてしまうのです。相撲で横綱が強いのはたしかにそれだけの力があるからですが、出稽古などで圧倒的な力を見せつけておいて、もうかなわないと下位の力士にイメージを植えつけるからでもあるのです。

良い結果を得るためには、いかにプラスのイメージをもてるかが大切です。クーエ博士は、自分にとって気持ちのいい言葉を繰り返し唱えることで、それを脳にインプットする大切さを患者に説き、実際、高い効果を上げています。朝目覚めたときと、夜眠る前の一日２回、**「私は毎日あらゆる面で、ますます良くなっている」**と繰り返し20回唱えるだけで、心身ともに好転させることが可能だというものです。博士が活躍したのは１００年も前ですが、この理論がベースになった「アファメーション（自分への積極的・肯定的宣言）」は、いまも多くのトップアスリートなどに取り入れられているそうです。

コロナ禍で不安不自由はあるけれど、暗い気持ちにならず、肯定的な言葉を繰り返し口にしていきましょう。実際、当社では新工場も順調に稼働し、また次代に向けての大型の案件も進んでいます。３月10日には本社を創業の地に移転、新しい風が吹いています。「良いことがある。ますます良くなる。きっと良くなる。必ず良くなる」を合言葉にして、皆で一丸となって前に進んでいきましょう。

２０２１年３月

30 春は学びの季節 良いように変わっていける！

イギリスの大学院で応用言語学、英語教授法を学んできた方にお話を聞く機会がありました。TESL（Teaching English as Second Other Language）は日本ではまだあまりなじみがないけれど、大雑把にいえば、母国語である第1言語（日本人なら日本語）と学ぼうとする第2言語（英語など）の違いをしっかり押さえて学ぶことで、語学力が格段にアップするそうです。

語学はネイティブな人から教わるほうが良いという思い込みがありますが、日本人特有のつまずきやすいポイントなどがあり、その観点から見ればネイティブの先生ばかりがいいとはいいきれない。リスニングを鍛えるために英語を流し放しにしていると良いという思い込みもありますが、それよりも重要なのは自分の発音をまずしっかり見直すこと、自分の身体に正しい音（発音）を覚えさせることで、ヒアリング力が向上する……というようなお話をうかがいました。

イギリス人の6歳の子が2年間、母国語の英語を学んで8歳になっても、その言語レベルでは大学院の授業にはついていけません。しかし、高校まで英語を学んだ日本人が、い

まあまりしゃべれなくても2年、あらためてこの方法で教われば、大学院レベルの英語が話せるようになるという話に、学び直し（リカレント）もいいかなと思いました。学校で長い間、英語を学んだけど身につかなかったとあきらめている人も多いと思いますが、きっかけを見つけて変わっていくことができるのですね。

先月のこの給与レターで「すべてが良くなっている、良くなる」というアファメーション（自己肯定）の大切さを紹介しましたが、きっかけを見つければ、良いように大きく変化させていくこともできるのです。社内報に、お嬢さんから勧められた小説にはまって読書に開眼した話が載っていますが、言葉を変えれば、良いきっかけに出合えたということでしょう。

コロナ感染の終息にはまだ時間がかかりそうですが、ステイホームを強いられるなかで、英語でも読書でもなにか新しいこと、あるいは昔なじんでいたことなど自分を成長させるものが見つかるといいですね。案外、身近なところにきっかけは転がっているかもしれません。春、これから気持ちのいい季節に向かいます。健康に十分留意して、良いものを見つけられるよう、前を向いていきましょう。

２０２２年春

31 気持ちを新たにして

ケイハンの本社を移転してからひと月半が過ぎました。

移転の意図や経緯については社内報にも記載していますが、創業の地、二条工場跡地に戻ることが、当社のさらなる飛躍につながっていくことを願っています。実際、移転した、まさにその日に超大型案件が決定しました。これはもちろん準備してきた方々の尽力によるものですが、それだけでなく、なにか目に見えない大きな力に守られているような気がしました。

「創発」という言葉があります。ダイバーシティ（多様性）関連で目にする機会も増えましたが「創造」などに比べるとまだなじみは少ない言葉です。全体が部分の総和を超えることが「創発」です。噛み砕いていえば――、**〈一つひとつ、一人ひとりの「個」の力も重要だけれど、その「個」がかたまり、たがいに影響することで、さらに大きな力を発揮することができる。1たす1は2とはかぎらず、3にも4にもなり得る〉**ということです。

レオ・レオニの『スイミー』はまさにこのテーマを描いた絵本です。

主人公の小さな魚、スイミーが仲間と出合い、仲間たちが新しいこと、外に出かけることを躊躇しているのを知って、皆で行動すれば大丈夫だよと説得し、皆で新しい世界を切り拓くという内容で、実際、イワシなどが群れをなして大きな魚のように見せている、まさにそれを思い起こさせる絵本です。

「創発」は低品位である粉炭をかためてブリケットにすることで高パフォーマンスを生み出している当社の事業につながる言葉でもあり、また従業員一人ひとりを尊重する当社の社是「謙虚と和」にも通じるものでしょう。

ケイハンはモノづくりの会社であり、自分たち一人ひとりの力の結集が、お客さま、関連会社さまを通して、めぐりめぐって社会の役に立っていることを、各々であらためて自覚し、気を引き締めていきたいですね。

コロナ感染の終息にはまだ時間がかかりそうですが、春、これからいい季節に向かいます。健康に十分留意して、一人ひとりが気持ちを新たにして前を向いていきましょう。

２０２１年４月

32 起死回生にはなにが必要か？

梅雨の季節です。でも、じめじめうっとうしいと嘆いてばかりはつまらない!?

最近はいろいろな傘があって、雨を前向きに楽しめるようになっています。京都にある日吉屋という和傘屋さん、このお店はじつは廃業寸前に追い込まれていました。和服（着物）を着る人が少なくなり、和傘の需要が減り赤字が膨らむばかりだったのですが、店を継いだ若主人が発想をがらりと変え、和傘の技術を照明器具の笠（ランプシェード）に転用し海外へアピールしたところ、高く評価され注文が増え、これが本業の和傘にもいい影響を与えるようになっています。まさに起死回生の一手ですね！

こんなふうにピンチをチャンスに変えるとか、伝統を見直し新しい価値を見いだすという事例はほかにもあります。群馬県沼田市の観光客をメインにした下駄屋さん、コロナ禍で客が激減。夏祭りも中止となり、まったく下駄が売れなくなり、もう閉店するしかないというところまで追い込まれたそうです。しかし、地域おこし協力隊として店を手伝っていた女性が、下駄底にゴムを貼り、室内履き用にアレンジしたところ話題になり、SNSなどで話題となって、いまでは数ヶ月先まで予約がいっぱいという状況になりました。

これらの事例に共通するのは、若い人とベテランの融合です。「古いです」と否定するだけではなにも生まれません。逆に「そんなやり方は邪道」とこれまでの枠にとらわれて受け入れることができず、否定ばかりしては、結局、元も子もなくなってしまいます。**大切なのは柔軟な発想と、それを受け入れ形にしていく熟練の技術力といえる**でしょう。

おかげさまで、当社ケイハンでは次の大きな事業も決まり、ピンチ、厳しいという状況ではなく順風満帆です。でもそんなときだからこそ、いまを大きなチャンスととらえ、世代間の行き違いをなくし、お互いをリスペクトして、それぞれの良い点を引き出せるようにしていきましょう。日々技術を研鑽し、より新しい価値を見いだしていけるよう、皆で一丸となって前を向いていきましょう！

２０２１年６月

ハート形の下駄（室内履き）
も、あっという間に品切れ

33 起こったことの意味は変えられる

「過去に起こったことは変えられない。でも起こったことの意味なら変えられる。負でしかない出来事も、がんばりようでその意味を、ダイヤモンドのように光らせることができる」

これは54歳を超えても現役Jリーガーの三浦知良《みうらかずよし》※（キングカズ）の言葉です。東京五輪に向けての日本代表選考について語ったなかにあったもの。たとえば、陸上や水泳など個人競技は数字（記録）がいいほう、対戦して勝ったほうが代表というように明確な基準が示しやすいですが、サッカーや野球などのチームスポーツは監督（戦術）との相性もあり、当落線上での悲喜こもごものドラマが生まれます。

もちろん、ずば抜けた力があれば文句なしに代表選出されるわけで「30年前の自分であればどんな監督でも日本代表」「選ばれたいでなく、迷わず選ばれる対象」とストレートにいいきれるのが、キングカズのキングである所以《ゆえん》でしょう。が、その三浦選手も、日本がはじめて本選に出場したワールドカップ代表から最後の最後で外されています。

さぞやショックだったのかと思うと、本人は案外サバサバした印象で「代表に選ばれただけで満足するレベルの選手もいるが、単に選ばれるだけでは納得しない選手もいる」といい、「コーチや選手が気をつかう、忖度《そんたく》することになるとチームに悪影響をもたらすことになる」と、自分がおかれた状況を冷静に分析できていました。

結果に気落ちして引退すれば、選考漏れはマイナスのまま終わったかもしれませんが、しっかり受け止めて精進し続けているからこそ、いまも明確なビジョンをもって現役選手を続けられています。日本代表から外れたことをプラスに働かせたのでしょう。

長い人生、自分の力不足で良い結果が得られないことがあります。また予期せぬ人事異動、あるいは集中豪雨など不測の災害、まさにいまのコロナ禍など、自分の力云々を超えた思わぬことで辛い状況におかれることもあります。

もちろん起こってしまったことを元に戻すことはできません。起こってしまったことで、苦しく辛い、悔しい思いをすることもあるでしょう。しかし、そこに踏みとどまって、それを引きずっていてはなにも生まれません。前を向き、一つひとつを糧《かて》にしてより良い方向に変えていく、それが起こったことの意味を変えていくということなのだと思います。

２０２１年７月

※その後ＪＦＬ所属の鈴鹿ポイントゲッターズ、そしてポルトガルリーグのオリヴェイレンセに所属。２０２３年現在現役として活躍中

34 あわてなくてもいいよ♪あたふたせず、より丁寧に！

音楽プロデューサーの小林武史さんとMr.Childrenの櫻井和寿さんを中心としたBank Bandに「to U」という曲があります。たとえば２０１１年の東日本大震災の復興応援のために、最近ならコロナ禍で疲弊している人を力づけるために、節目節目で歌われています。曲の最後でリフレインされるのが「♪今を好きに　もっと好きになれるから　あわてなくてもいいよ♬」というフレーズです。

この「今」をいろいろなものにおき換えることができますね。

自分だったり、勉強だったり、仕事だったり……。

いまの時代はスピードや効率が求められる時代です。

しかし、ただ速ければ良いのではなく、そこに丁寧さが求められます。たとえば、ねじ締め機やねじ締めロボットには「２段締め」が採用されているそうです。ギュッギュッといっぺんにねじを締めたほうが速くて効率的だと思いがちですが、強い力でいきなりねじにドライバーが入っていくと、それだけ抵抗が大きくなり、ねじにも接合材にも負担がかかり、ゆるみの原因になってしまう。回転を途中で止めて位置を決め安定させてから、回転速度を上げ強度も上げることで、ねじはしっかり締まるそうです。

「あわてなくてもいいよ♪」

スピーディさ、迅速さも大切ですが、一つひとつ、それぞれにふさわしい時間、ふさわしいやり方があることも忘れないようにしたいものです。あたふたして雑にならないことが肝要です。

コロナ禍は、もちろん早く収まるにこしたことはありませんが、残念ながら感染再拡大の傾向にあるようです。心配ですね。でも、そのことばかりにとらわれすぎて、自分のペースを見失わないように、あわてずあせらず、丁寧に暮らしていきましょう。

まだまだ残暑厳しく、また台風など、お天道さまの気まぐれが続きます。早く収まることを祈念します。皆さん、あたふたせず健康に留意して前を向いていきましょう！

２０２１年８月

35 虎の子渡し

今年も残りわずかとなりました。1年間お疲れさまでした。

来年の干支は寅ですね。

虎に関して「虎の子渡し」の逸話をご存じの方も多いでしょう。あらためて簡単に説明すると、虎は3頭の子を産むと、そのなかに1頭、どう猛な彪《ひょう》が生まれ、親のメス虎が目を離すとその彪がほかの2頭の子虎を食べてしまうかもしれないのです。そんな親子の虎が川を渡るときは、親が1頭ずつくわえて往復するしかないのですが、どんな順番で渡ればいいかという問題が起こります。

それで……結論からいえば、まずは乱暴な彪をくわえて対岸に渡り、彪を残して親虎が単身元の岸に戻ります。次にそこに残っていた2頭の子虎のうち1頭をくわえて渡り、その子虎を対岸に残し、今度は彪をくわえて戻ってきます。そして彪を元の岸に残し、もう1頭の子虎をくわえて対岸に渡り、今度は2頭の子虎を対岸に残し、単身戻り、最後に彪をくわえて対岸に渡るという手順です。単純に渡るなら親虎は2往復半で済むところを3往復半と手間をかけるわけです。

これを複雑で面倒なこととか、生計が四苦八苦することのたとえとすることもあるようですが、親虎の愛情&目くばりであると考えましょう。たとえ乱暴な彪、**危険なものでも価値はあり大事にする、切り捨てない。すべてを生かしつつ、しかしそのためには万全な配慮をし、順番を間違えない**ということでもあります。

勇猛果敢な虎であっても、そんな目くばりができるのです。逆にいえば目くばりができるからこそ、果敢にチャレンジできるともいえるでしょうか。

まさに虎視《こし》眈々《たんたん》と……ですね。

我々もいま一度、安全管理、健康管理には十分配慮し、最後の最後まで手順を間違えないようにして、1年の良い締めくくりとしましょう。

２０２１年12月

36 大切な人を思い浮かべると「やる気」が続く！

『神モチベーション「やる気」しだいで人生は思い通り』（星渉　SBクリエイティブ）という書籍を拾い読みしました。40万部突破しているベストセラーですが、こういった本が売れているということは、世のなかがなんとなく鬱々《うつうつ》としていることの裏返しなのかもしれませんね。

本のなかで「大切な人を思い浮かべると『やる気』が続く！」と紹介されていました。会社のなかでなくてもいい、自分には支えてくれる人がいる、なにかあったらグチを聞いてくれる人がいる、**頼れる人がいる、あるいは守りたい人がいる、それらの人を思い浮かべるだけで忍耐力が50%もアップする**というアメリカの大学の研究もあるそうです。

これならすぐに実践できそうですね。

世界中で読まれる『星の王子さま』の作者サン・テグジュペリは童話だけでなく『人間の土地』『戦う操縦士』などの名作も残しています。どの本だったか記憶があいまいなのですが、飛行機で不時着、砂漠のなかをさまよう主人公の生きようとするモチベーションが「いま、ここで自分が死んでも、家族は自分の生死を確認できず宙ぶらりんの状態で苦しみ悲しむ、それを救うのは自分が助かるしかいない」ということだったように記憶しています。

自分を奮い立たせるのは、やはり大切な人の存在ということでした。

当社も、職場の仲間が、それぞれが大切な人だと思えるような関係であってほしいと思います。ＮＨＫ朝ドラの『ちむどんどん』はわくわくする、胸が高まることを表す沖縄の言葉だそうです。皆で「ちむどんどん」する職場をつくっていきましょう！

２０２２年５月

37 学びのため、喜びのために、仕掛けを用意

スピードスケートのオリンピック金メダリスト、小平奈緒《こだいらなお》さんは先日、引退発表の記者会見で「目標に順位や記録はあったが、それは手段。目的である唯一無二の自己表現はまっとうできた」と競技人生を振り返り、今後は次代の人、子どもたちにスケートの楽しさを伝え、〈知るを愉しむ〉を追求していきたいと語っておられました。

そして世界一のスプリンターへと導いた結城匡啓《ゆうきまさひろ》コーチには「たくさんの学びの仕掛けで、ほんとうにスケートがおもしろいと感じられる日々だった」と感謝の言葉を捧げています。

いまはスポーツ分野だけにかぎらず、ありとあらゆる分野で研究開発、技術革新が進み、求められるもののハードルがどんどん高くなっています。より正確に、緻密に寸分たがわず実践することが良い結果に結びつくということもたしかに多く、たとえば「安全」という観点でいえば、より徹底的にということは常に求められるべきでしょう。

しかし、一方で、そこに喜びや楽しみ、あるいは遊びがなければ、息がつまってしまいます。そのバランスが大事です。喜びや楽しみがパフォーマンス向上の源泉なのです。

テレビのバラエティなどで、カラオケで音程がしっかり取れているか、いかに正確に歌えているかをＡＩ評価させ点数で競う番組がありますが、これは〈おあそび〉としては楽しいかもしれませんが、**実社会、実生活において〈なぞる〉〈再現する〉〈覚える〉を大切にしながらも、同時に、そこに喜びや楽しさも見いだせる、たくさんの工夫・仕掛けも忘れないようにしたい**ものです。

ＩＴやＡＩはあくまで人が使う手段であり、それを人の評価に使っていくのには危険性もはらんでいることを忘れないようにしたいです。〈できる・できない〉〈完璧にこなせる・こなせない〉。こういったひとつのものさしだけでは、創造の翼を広げることはできません。

当社ケイハンは今年9月に創業90年を迎えました。社内報でもお伝えしましたが、この1年をアニバーサリーイヤーとして、会社を良くする、仕事を楽しくする、皆で喜びを分かち合えるアイデアを引き続き募集しています。小さな気づき、小さな工夫をぜひ教えてください。それを皆で共有していければと願っています。

２０２２年11月

38 脳力はいくつになっても鍛えられる

京都市内を走るヤサカタクシーのシンボルマークは三つ葉のクローバーですが、総数1400のうち4台だけ、四つ葉のクローバーの車両があって、運よくそれに乗車できれば幸せになれるという都市伝説があります。実際、乗車すると記念品がもらえるそうです。

以前、ヤサカタクシーに乗っているとき「四つ葉に乗る機会になかなか恵まれない」などと話をしていたら「ほかにもいろいろな車がありますよ。じつはこの車、マジック（手品）タクシーです」といわれたことがあります。もちろん、まさか運転中に手品をするわけではなく、目的地に着いて料金を支払った直後にカードマジックを披露されたのですが、なんとも不思議な体験でした。観光客には喜ばれるかもしれませんね。

ところで皆さんは「ブラックキャブ」と呼ばれるロンドンのタクシーのことを耳にしたことがありませんか？　ロンドンのタクシードライバーは道の名前と番号を正しく伝えれば、どんな小さな辺鄙《へんぴ》なところでも間違えずにしっかり連れていってくれるのです。合格するのに平均4年はかかるという世界一難しい試験に受かり、2万ぐらいあるロンドンの道をすべて、しかもどこが一方通行かなど頭に叩き込んでいる、まさにプロ中のプロです。ロンドンではタクシーの運転手といえば尊敬される職業、これこそが「王道」といえるでしょう。

このロンドンのタクシー運転手の「脳」を調べた話が『疲れない脳をつくる生活習慣』（石川善樹　知的生き方文庫）のなかで紹介されていました。fMRI（磁気共鳴機能画像法）で検査すると、ロンドンのタクシードライバーは記憶をつかさどる「海馬《かいば》」と呼ばれる部位が一般の人よりも厚くなっていたそうです。しかもベテランであればあるほど、その「海馬」が発達していたのです。脳が発達するのは幼いころだけで、ある年齢を超えるとあとは退化するだけと思われていたのですが、そうではなく**人は歳をとっても、いくつになっても、脳を改善できる**ということがこの調査からわかったのです。

脳の老化は年齢とはあまり関係ないようですね。いくつになっても柔軟な思考ができるよう、どんどん新しい知識を加えながら脳を活性化して能力アップ、「王道」を歩んでいきましょう。

２０１７年６月

第3章

安心・安全はすべての基本です

ミスをなくすため基本を〈かためる〉

39 見えないから怖い、見えるから安心

もうすぐ節分です。節分には「福は内、鬼は外」といって豆をまきますが、この「鬼」は「隠（オン）」が語源で、鬼は隠れていて見えないものという説があります。だから、たとえば京都の下鴨神社などの豆まきでは、いわゆる「鬼」は目に見える姿では登場しない、ということを以前紹介したことがあります。鬼とは隠れているものであり、隠れていて見えないものほど怖いわけですね。

さて、作家でインテリジェンス（情報分析）担当の外交官だった佐藤優さんが、現役時代に会食をする際によく利用していたのが、ホテルニューオータニ（東京）にあった「ベルヴュー」。ここは柱など視界を遮るものがまったくないレストランでした。「他人から見られるかもしれないところで、大事な打ち合わせをして大丈夫？」という疑問に対して「自分が人に見られるということは、その逆、自分も人を見ることができる。万が一、鉢合わせをしても、誰に見られたかがわかれば逆に対応がしやすい」というような趣旨のことを発言されていました。あとで「誰々と会っていた」ということが広がって

も、意図（悪意）をもって流布した犯人が特定しやすいわけでもあるのです。

一見、個室を使ったほうが安全のように思えるけれど、出入りを目撃される可能性もあり、しかもその姿を見られたことに自分自身が気がつかないリスクもある。それなら、かえってオープンなほうが安全だし、そもそも、見られてもいいように事前にリスク回避をしておけばいいというのです。見えるから「安心」というわけです。

もちろん、ケースバイケースでお店を選んでおられるでしょうが、この姿勢は一般社会、仕事にも応用できそうです。「見える化」などとよくいいますが、**「オープン」にしておくことで、相互チェックが働く**というものです。

また、たとえば、ふだんから部屋をきれいにしておけば、突然の来客に「ちょっと待って、いま、部屋を片付けるから」とあたふたしないように、仕事においても、常に自分以外の「目」があると心して、見られても困らないようにしておきたいものです。

昨年から今年にかけて「談合」のニュースが盛んに聞かれます。見えないところでうまくやろうとしたことが明るみになって、かえって残念なことになっています。

こういったニュースを反面教師に清々しい1年とすべく邁進していきましょう。

２０１８年１月

40 「三つの袋」と「三つの坂」

「三つの袋」と「三つの坂」の話をご存じでしょうか？

最初の「袋」のほうは、①胃袋（食事・健康管理）、②堪忍袋（たがいにがまんして相手を思いやる心）、③お袋（親孝行）。この三つの「袋」を大切にしなければならないという教え（堪忍袋でなく給与袋（お金）におき換えることもあるよう）です。

「坂」のほうですが、こちらは①上り坂と②下り坂、そして③まさかです。

調子がいい、上り坂のときにすでにひしひしと下り坂がしのびよっている、まさかという出来事にも出合ってしまうかもしれない。日ごろからそれを覚悟しておきなさいという人生訓です。「三つの袋」「三つの坂」はどちらも結婚式のスピーチに使われたりしますね。

ビジネスの場においても想定外が起こらないように注意を怠らないようにしましょう。コミュニケーションは万全と思い込んでいたが、じつは思わぬ誤解が生じていたというケースは多いです「まさか○○がこんなミスを……」「まさか◎◎がそんなことを感じていたとは……」と嘆くのではなく、その「まさか」にいたらないようにするのが大事です。

ところで、サッカーワールドカップ、ロシア杯はフランス優勝で幕を閉じましたが、日本のナショナルチーム決勝トーナメント進出でも盛り上がりました。戦前予想では3連敗という声も多かったのですが、「まさか」の活躍でした。辛い、厳しい、苦しい、悲しい「まさか」ではなく、こんなうれしい、喜ばしい「まさか」なら大歓迎ですね。

顧客満足度100%とか120%などといいますが、これも言葉を変えれば「まさか」です。「まさかここまでやっていただけるとは！」「まさかこれほど良い数字だとは！」こんな声をたくさんいただけるような会社でありたいと思います。

皆さんと一緒に良い「まさか」を積み上げていければと願います。

厳しい暑さが続くようですが、健康に留意して、前を向いて進んでいきましょう。

2018年7月

41 ラグビーワールドカップの舞台裏

ラグビーワールドカップが盛り上がっています。

南アフリカには惜敗しましたが、アイルランド、サモア、スコットランドという強豪を撃破、無傷の4連勝で当初の目標ベスト8をクリア。日本中に感動を与えてくれました。

ありがとう、ラグビー日本！

さて決勝トーナメント（ベスト8）進出を決めた対スコットランド戦は、台風19号の大雨で開催が危ぶまれていました。開催ができたのは、ギリギリのところで天候が味方したからだと考える方も多いようですが、じつはその陰に日本のハイテク技術があったことはあまり知られていません。

試合会場の横浜国際競技場のすぐ横には鶴見川が流れていて、この川はこれまで幾度となく氾濫を起こしている暴れ川です。また同じ地域の多摩川は氾濫し田園調布などの高級住宅街に大きな被害をもたらしています。それなのになぜ今回、この会場が大丈夫であったかといえば……、事前に治水工事をして大きな「遊水地」をつくり、ふだんは公園として整備。そしてこの公園のうえに高床式の競技場を建設していたからです。

鶴見川の本来の堤防の内側にもうひとつ低めの堤防をもうけ、水位が上がってここから氾濫しても遊水地に水を流入させる仕組みとなっていて（ですから今回の台風では実際、競技場の1階部分の駐車場は水没）、被害を最小限にとどめ、翌日、川の水位が下がったところで排水作業をしたそうです。

最新の安全対策、日本の危機管理対策が見事に結実したものであり、もちろん、それを生かした多くのボランティアの尽力のおかげでもあります。**安全対策は日々新しいものへ、より良いものへと更新されるべきもの。**試合では日本がスコットランドに勝って大興奮となりましたが、試合が中止になれば自動的に勝ち進めるにもかかわらず最大限の努力を惜しまなかった姿勢や、日本の安全対策に対してスコットランドの記者が称賛の記事を書いています。

日本チーム躍進の裏にはこんな安全エピソードがあったのです。

２０１９年10月

42 アスリートファーストとセーフティファースト

オリンピックのマラソンと競歩の会場が東京から札幌に変更になりました。追加で必要となる予算をどうするかなどで、まだゴタゴタしているようですが、いい知恵を出し合って、きっといい方向で収まっていくように祈っています。

さて、この騒動でよく耳にするのが「アスリートファースト」という言葉です。メディアではこの言葉が水戸黄門の印籠のようになっているかのようですが、このファーストを「最初に考える」ととらえるか「最優先に」ととらえるかで意味が違ってきますね。スポーツの競技大会なので選手のことをまず考えるということは当然でしょう。そういう意味では「アスリートファースト」でなければいけません。

でもオリンピックはアスリートだけでなく、それを支えるチーム、家族、サポーター、ボランティア、観客……、そしてテレビで観戦する世界中の人のものでもあります。単純にアスリートが「最優先」ということでなく、すべてに対してしっかり目くばりされなければいけないことでしょう。

これは企業におき換えてみても同じです。たとえば「お客さまファースト」といって、従業員をないがしろにすれば会社は成り立ちません。その逆の「従業員ファースト」も然りです。大事にしなければならないものは、ひとつだけでなくたくさんあるのです。もちろん、ものごとを判断していくうえで順番を整理していくことは大切ですし、事業活動においては「集中と選択」が問われることも多いでしょう。しかし「〇〇ファースト」いうことで、そこを重点的に見ればいいと、視野を狭めてしまうことがないように留意したいものです。

なにより大切なのは「セーフティファースト」。

マラソンや競歩の会場変更のきっかけは「より安全に」ということでした。「アスリートファースト」といっても、選手にとって思惑は違ってくるでしょう。でも**安全はすべてにおいて最優先されるべきもの**で、そこに思惑はありません。

もちろん自然相手のことですから、じつは札幌のほうが暑くなったということも起こり得るかもしれませんが、それでも、その時点で考えられる「より安全」を選択していくのであれば間違ってはいません。東京で準備されてきた安全、暑さ対策が今後札幌で生かされ、より安全面が強化されていけばいいですね。

当社もお客さま、地域の方々、従業員に常に心くばりをしながら、安全安心を最優先していく会社でありたいと思っています。

２０１９年10月

43「ほめて伸ばす」の落とし穴⁉

『ケーキの切れない非行少年たち』（宮口幸治　新潮新書）という本がベストセラーになっていて、発行後半年足らずで30万部を突破しているようです。

その内容を簡単に記すと——、

いじめや性犯罪、殺人などを犯した非行少年を凶暴で手に負えないとイメージしがちだが、じつはそうではない。ふだんはおとなしい静かな子が多く、自分はやさしい性格だと思っている子さえもいる。罪を犯す背後にあるのはじつは「認知のゆがみ」。つまり計算が苦手だったり、漢字が読めなかったり、反省ができず葛藤すらできない子どもがいる。本来はそういう子どもにこそ、しっかりしたフォローが必要なのにそれがなされぬままに、落ちこぼれ、誤解され、心や能力のケアをされないままに見捨てられ放っておかれ、結果、犯罪を生み犯罪を繰り返している——。

〈特殊な世界〉のことではあるのですが、ふだんの生活やビジネスの世界に落とし込んで感じ入ることがたくさんありました。だからこそ多くの方に読まれているのでしょう。

本書のなかで「ほめて伸ばす」の落とし穴について記されていました。

人は叱られるより、ほめられるほうがうれしいもの。長所を見つけ、そこをほめる、鍛える、磨くことは大事です。やる気を引き出すことにもつながりますね。しかし、かといって、本来、身につけなければならない社会性やルール、判断力をないがしろにしていいというものではありません。**少しずつの歩みでも、苦手、できないことを訓練して克服することが大事。**「ほめる」だけでは、じつは根本的解決を見いだせないのです。

案外、誤解し混同しがちですが「ほめる」ことは「短所に目をつぶる、甘やかす」こととは違うのです。これは家庭での子育てでも、会社の人材教育についても同じことがいえるでしょう。

まずは各々が自身を振り返って、たとえば「時間にルーズ」「うっかりが多い」「挨拶ができない」「すぐに感情的になる」など自分が苦手・欠点、短所と思えることに対し「ほかを伸ばせばいい、ここは目をつぶってもいい」「自分はこうだから仕方がない」と改善を怠っていないかを再点検してみましょう。

そして、一人ひとりを大切にして、上下関係にかかわらず良いところはたがいに認め尊重し合える、ときにはたがいの短所も指摘できるような、風通しのいい職場にしていければと願います。

２０２０年１月

44 ピンチのときこそスイッチを入れる

ニューヨーク・ヤンキースで活躍中の田中将大選手が小学校のとき、いま、読売ジャイアンツで主将を務める坂本勇人選手とバッテリーを組んでいたことは、知る人ぞ知る事実です。しかもなんと、そのときはピッチャーが坂本選手で、田中選手はキャッチャーだったのです。中学校からは別々の道を歩み、田中選手は「宝塚ボーイズ」という少年野球チームに入団、そこでキャッチャーからピッチャーに転向し才能を開花させます。

田中将大のピッチャーとしての才能を見いだし、的確な指導をし、決め球のひとつ、スライダーを伝授したのが、かつてオリックス・ブルーウェーブのバッティングピッチャーとして〈イチローの恋人〉と呼ばれたこともある、現在も「宝塚ボーイズ」の監督を務める奥村幸治さんです（68ページもご参照※）。

その奥村さんの話によると、田中選手の最大の強みは「気持ち」。グローブにも「気持ち」という刺繍を入れているそうですし、彼がプロに進んだおり、お世話になったお礼にと「宝塚ボーイズ」にバッティングマシーンとユニフォームを30着贈ったのですが、そのユニフォームにも「気持ち」という文字が刻まれているそうです。

ピンチになると下を向いたり、動揺したり、あるいは頭に血が上ってカッカカッカして我を忘れる……そんなピッチャーが多いなか、田中選手は、**もう一度「気持ち」のスイッチを入れ直し、「負けてたまるか」というオーラを全開にする**のです。そうすると後ろで守っている選手たちが、「自分たちもなんとかしてやろう」という気になっていくそう。だから失点をしても味方が取り返してくれることも多く、逆転して勝利投手になるというケースがほかのピッチャーに比べても多いのではないか、ということでした。

いまの社会環境はコロナ禍で安穏としてはいられない状況ですね。こんなときは明るい兆しよりも暗い・マイナスの話題のほうに、つい気を取られてしまいがちです。もちろん、危機感をもっていまおかれている状況をより正確に把握することは大切ですが、田中選手にならって、「気持ち」のスイッチをもう一度、入れ直していければと願っています。

これから夏本番となりますが、体調管理には十分留意して、食中毒などにも十分注意していい仕事を進めていきましょう！

２０２０年６月

※２０２３年３月に「宝塚ボーイズ」を解団されて、現在、奥村さんはスポーツや教育をテーマにした講演活動をされている

45 信じる力と、そのバックボーン

石川直樹という写真家、冒険家がいます。七大陸最高峰登頂に成功したほか、山だけでなく海、川、世界の辺境を旅し、その経験をたくさんの本に著している方ですが、ここでは「ミクロネシアに伝わる星の航海術」という文章を要約してご紹介しましょう。

石川さんはマウというひとりの航海士と出会います。彼は地図やコンパス、レーダーなどの近代計器を一切使わず、小さなカヌーで大航海をなんども成功させている男で、石川さんは縁あって実際の「伝統航海術」での航海に随行・体験をしました。

この航海では「風が良ければ五日ほどで目的地に着く」という話だったのに、当初は順調だった風が止み、五日どころか七日、八日たってもたどり着きません。飲料水は底をつき、同行者のなかには不安になって精神のバランスを崩し海に飛び込み自殺しようとするものも出てきます。けれど、マウはいっこうに動じず、方角を示すほかは余計なことは口にしない。そして、ようやく九日目、海のはるか向こうに小さな点（陸）を発見して、自分も含め、ほかのクルーも安心して新たな力がみなぎった……という話です。

この話から大きくふたつのことが学べるでしょうか。ひとつは、ゴールがあると信じていても、そのゴールが目に見えないとなかなか安心できない、不安になるということです。そしてもうひとつは、**信じる力のバックボーンにあるのは先人から伝わる知恵や知識、自らの経験であること（逆にいえばそれらがないとぐらつくということ）**です。やみくもに出かけても遭難する危険が大。星や太陽の位置、風の強さや向きなどをしっかり読み解く力を備えているからこそ信じられる、ゴールへの道筋が見えているというわけです。

先日、プロ野球の名捕手、名監督だった野村克也さんがお亡くなりになりました。野村さんがいちばん嫌ったのは中途半端なプレー、肝がすわっていないプレーでした。氏の代名詞でもあるＩＤ野球は、ともするとデータ重視で人間味がないと誤解されがちですが、じつはそうではなく、たとえば……〈たぶんまっすぐだと思うけれど、ひょっとするとカーブが来るかもしれない〉と迷って、どっちつかずのスイングをするのでなく、ここはまっすぐだと腹を決める、信じる力を養う・補うためのＩＤでした。結局は肝をすえて己を信じることが大事であり、根っこではミクロネシアの航海士マウと通じ合う、極めて人間的なものといえるでしょう。私たちも、しっかりゴールを見据え、いろいろな経験を糧にして、信じる力を高めていきたいですね。

２０２０年２月

46「まさかこんなはずじゃなかった」の後ろにあるもの

世界的に活躍したある女子バレーボール選手がビーチバレーボールに転向したとき、思うような成績が上げられず、かつて格下と思っていた相手にコテンパンに負かされ、「まさかここまでパフォーマンスが落ちているのか、こんなはずじゃなかった」とショックを受けたそうです。

でも、じつはそれは勘違いでした。

バレーボールは速いボールをコートすれすれでレシーブできるように低く構えますが、ビーチバレーはさほど速いボールは飛んでこず、砂地の足場の悪いところで拾いまくるので、それに順応できる別の構え方が必要なのです。彼女はビーチバレーをなめていたわけではないけれど、なんとなくバレーボールという大きなくくりで、これまで自分が成果を上げていたやり方をそのまま続けてしまったのです。やがて、それに気づくことができてビーチバレーの世界でも活躍するようになりました。

スポーツ以外の世界でも似たようなことは案外多いのかもしれません。

仕事をルーティン（習慣）化することで効率が上がりますが、その一方で、ルーティンになれっこになってしまうと、これで大丈夫だという思い込みや気のゆるみも生まれます。**ルーティンをより良いものに更新していくこと、いままでの仕事にも新しい仕事にも、このやり方がベストなのかを常に点検していくことが大切**です。

昨年末、ふたつの事業所で就業中のケガの報告を受けています。幸いなことに命にかかわる大きなものではありませんでしたが、ケガをされた方の快癒を心から祈念します。と同時に、どんなところにも「まさか」があると、あらためて気を引き締めていきましょう。

コロナ禍が収まらず、全国7ヶ所に緊急事態宣言も発出されています。自覚症状がなくても、知らず知らずのうちに疲れやストレスがたまっていて、いつもならできていることができないとか、ささいなミスが生まれやすい状況です。寒さ厳しくなるおり、皆さん、健康には十分留意して、安全第一でまいりましょう。

２０２１年１月

47 呼吸は大事、呼吸を見直そう

人は一日に約2万3000回呼吸をし、そのほとんどが「安静時呼吸」と呼ばれる、ゆったりとした呼吸です。その一方で、激しい運動前後の呼吸は「努力呼吸」と呼ばれ、安静時に使う筋肉に加え、首や肩、鎖骨周りの筋肉、背筋なども使います。

このふたつの呼吸、本来は自然にコントロールできるのですが、ストレス過多や不自然な姿勢が続いたりすると、安静時でも「努力呼吸」をしている人が多いそうです。本来は使わなくてもいい首や肩、背中などの筋肉が過剰に使われることになり、肩や首、背中のコリ、身体の不調につながります。安静時なのに、じつはリラックスできていない状態です。コロナ禍でこういう状況が増えているのかもしれませんね。

呼吸は大事、しかも正しい呼吸が大事です。

そのことでより健康になり、暮らしにもメリハリがつけられます。人前では元気に振舞う、でもあとでどっと疲れるというのであれば、じつは呼吸のバランスが崩れているからかもしれません。

「ポジティブになる」と「前のめりになる」のは違います。功をあせり全体を見ないまま

結局、失敗をしてしまうのが「前のめり」。必要であればしっかり後ろを振り返ることもでき、必要なときにグッとアクセルを踏むことができる。いつでも最適のチョイスができるように、自分をニュートラルな状況においておく。これは健康でもビジネスでも大事なことですが、正しい呼吸はそういう状態に導いてくれます。

呼吸の乱れは自分だけでなく、チームワークの乱れにもつながります。

ぴったり息が合う、いい仕事ができるよう呼吸を見直していきましょう。

ワクチン接種もはじまり、少しずつですがコロナ禍という長いトンネルの先に光が見えつつあります。もうひと踏ん張り、健康に留意して、ぜひ、気を引き締めて前に進んでいきましょう。

２０２１年２月

48 「ありがとう」を糧にして

ケイハンは2022年9月に創業90周年を迎えます。創業100年に向けての大きな節目となりますが、じつはその1年前、つまり今年、来る12月8日は当社が戸畑工場で成型炭事業を開始してから50年となる記念日です。

〈成型炭を導入するにあたりケイハンが大きな貢献をした、そして、この技術は鉄鋼業にとって極めて重要なものであり、技術のいっそうの発展のために二社の緊密な連携を維持していきたい〉と当時の新日鐵《しんにってつ》の社長、平井富三郎様から直筆の感謝状を頂戴したことなどを社内報秋号に記しました。

この感謝状は私たちの誇りであり、活力源ともいえるものです。

そして、新たなニュースが飛び込んできました。

当社福山工場の安全衛生活動ならびにコスト削減活動が、協力会社のなかで最高評価を得たとJFEスチールから感謝状をいただいたのです。まさに成型炭事業50年の節目の年に、新たな感謝状をいただけたことを光栄に思い、皆さんのたゆまない努力が評価されたことへの喜びを感じます。

福山工場だけでなく、各工場、各事業所でもそれぞれの工夫や努力をされています。**感謝されるということは役に立っていること、貢献していることの証**です。これからも、たくさんの「感謝」を得られるよう、さらなる向上を目指していきましょう。

「ご安全に！」とともに「ありがとう」が行き交う職場にしていきましょう。

２０２０年10月

（『92歳総務課長の教え』《ダイヤモンド社》という書籍で、著者の玉置泰子さん《世界最高齢の総務部員としてギネス記録認定》が、**なにかをしてもらったときに、つい「すみません」と口にしてしまうが、「ありがとう」というように心がけていると書かれていました。ありがとうは他者だけでなく、自分自身も成長させる言葉**というわけです。

メールなどで「承知しました」「了解です」と短く返信されると、ときに「ほんとうにわかっているの？」と問い返したくなることもありますが、文頭に「ありがとう」「ありがとうございます」と5文字、あるいは8文字あるだけで印象が数段アップします。短いけれど最強の言葉、大切にしていきましょう）。

49 ルールとモラルはどう違う？

ルールとモラルの違いを説明できますか？　わかっているようで案外難しいですね。一般的にモラルは倫理観や道徳意識のことで、公私の区別をつけることやマナーを心得ること。あるいは自分自身の内なるものからの自発的な規範という説明はできそうです。でもルールとの違いを明白に表現するとなると、ちょっと難しい……。

「同心円」を使って考えてみるとわかりやすいと教わりました。**円の真ん中にモラルをおき、この中心から離れていくほどにモラルが低くなり、ルールは外の線、これ以上離れてはいけない限界を示す境界線と受け止めましょう。**

ルールという境界線は、もちろん一線を超えたらアウトです。境界線の内側ぎりぎりのところに立って平気な人を見かけます。これは「ルールを守っているからいい」という神経からでしょうが、周囲に不安を与え、迷惑をかけていることがわかっていない危ない人といえるでしょう。ルールはモラルから離れないように自分を律する手段にしかすぎないので、私たちが目指すべきは、より高いモラルを身につけることです。

細かいことでいえば交通ルールもそうですね。こちらがルールを守っていても安全とはかぎりません。すれ違ったり、追い抜こうとしたりする相手が、ルールを外れた動きをするかもしれないので、気をくばっておく注意力もほしいです。

あるいは仕事の後始末をするとき、ルール通りにしたとしても、軽い意識レベルで行うと見落としの可能性が高まります。小さな見落としでも積み重なってくると事故発生の起因となります。予兆があっても気づくことができずに結果として事故を招くことになってしまいますから、高いモラルでの安全意識が必要なのです。

「ルールを高いモラル意識で」という認識をもつことが大切。ルールを守り目くばりのできる人でありたいものです。

２０１６年10月

（「現状維持は最大のリスク」という言葉もあります。いまがいい、これでいいと満足して歩みを止めてしまうのは、じつは「後退の一歩」。自分ならなにができるか、新しくできることがないか、小さな日々の改善が大切です。**誰かがやってくれるだろうでなく、自分が高いモラル、当事者意識をもっていきましょう**）。

50 イソップ寓話　レンガ職人の話

『安全と健康』という雑誌で、ある産業医の先生がイソップのレンガ職人の寓話を紹介されていました。平均的な仕事量でも不調に陥《おちい》る人がいる一方で、ハードワークで残業も多く身体にも心にも負担がかかっているだろうなと思える人が、そうでない人より元気で健康だったりすることがあるのはなぜか？　理論上は仕事の量が増えると睡眠不足になり、ストレスも増加するはずなのに、ほかの人よりも生き生きとしているように見える人がいる……最初は個人のキャパシティの差だ考えていたけれど、あれこれ分析するうちに、イソップのレンガ職人の寓話に思い当たったということでした。

ある旅人が道中でレンガを積んでいる3人の職人と出会い、それぞれの職人に「ここでなにをしているか」を尋ねます。ひとり目は「レンガを積んでいるのさ」と答え「レンガを積むのはほんとうに大変なんだ。もうやってられないね」とグチをこぼします。ふたり目の職人は「大きな壁をつくっている」と答え、「家族を養うため、お金のための仕事だ」と自分にいい聞かせて働いていました。そして3人目の職人に聞くと「歴史に残る偉大な教会をつくっているんだ」といい、「多くの人の幸せのよりどころになる教会をつくる仕事をとても誇りに思っている」と答えるのです。

レンガを積むという**同じ仕事であるのに、その意味をどうとらえるかで仕事の向き合い方、心のもち方が変わってくる**というお話です。

もちろん、お金のため、家族のためにというのは大事なことですが、さらにそこにプラスの意味をもてるといいでしょう。そして、それが結局、健康にもつながるのです。

今月7月10日に千葉工場が本格稼働しました。ただやみくもに業容拡大するのではなく、社会に求められ必要とされているから、発展していくわけです。当社ケイハンの仕事、一つひとつは華やかなものではなく大変なものですが、皆さん一人ひとりの力、現場力が日本を支えていると誇りに思いましょう。

酷暑が続きます。体調管理には十分留意してがんばっていきましょう。

２０２３年7月

51 「ハイボール」から学ぶ「本質的安全設計」

ウイスキーのソーダ割りがなぜ「ハイボール」と呼ばれるのかご存じでしょうか？「ハイボール」という飲み物の語源は、じつは鉄道に於けるボール信号機。いまは鉄道の信号機はすべて電気式ですが、かつて、英国の初期の鉄道ではボール信号機（BALL SIGNAL）が使われていました。駅構内に設置され、駅員がボールを上げたとき（「ハイボール」時）は、構内は安全なので進入して良いという合図となり、これを見て列車が入線したのです。

古き良きのんびりした時代。乗客は駅の待合室でウイスキーをちびちびやりながら列車を待っている。ところが、ボールが上って「ハイボール」になると、列車が入ってくるのでホームに急がなければならない。残ったウイスキーを一気にあけるのは身体に良くないので、そばにあったソーダ水で割ってグーッと飲んでホームへ急いだ……。

これが、ウイスキーのソーダ割りが「ハイボール」と呼ばれるようになった由来だそう。ハイボールは安全の合図だったのですね（諸説あるうちのひとつですが、英語の辞書で「ハイボール」と引くとソーダ割りのお酒という意味以外に、「（列車に対する）進めの信号」、さらに転じて「急行列車」の意味があると記されています）。

左図のように信号機は紐《ひも》を引いてボールを高く上げた状態（ハイボール状態）を安全確認に対応させています。もし駅員に問題が生じたり、紐が切れたりの不具合があれば、ボールは上がらず、あるいは落下して安全信号は出ません。つまり、故障は必ず〈安全側故障〉となるのです。

「安全」を整理すると、⑴本質的安全設計によるリスクの低減　⑵安全防護によるリスクの低減　⑶使用上の情報によるリスクの低減となります。たとえば、以前、転倒時に安全装置が働かなかった外国製のストーブが問題となったことがありますが、**安全装置をつけるというのは、もちろん大切なことですが「本質的安全設計」とはいえません。**一方、この「ハイボール」は単純ではあるけれど「本質的安全設計」といえるわけです。

「ハイボールと安全」でネット検索すると詳しい説明をするサイトが見つかるはずです。お酒の席では、ぜひハイボールを飲みながら「安全」を語り合ってください!?

2019年春

ボール信号機（BALL SIGNAL）

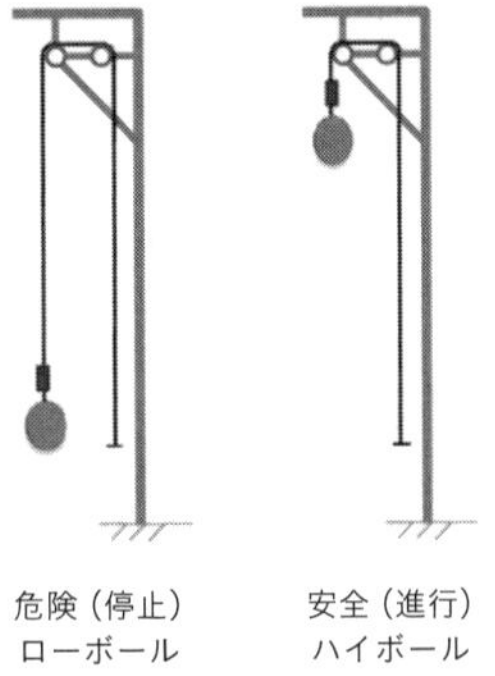

52 徳川家康と安全・安心⁉

滝田栄《たきたさかえ》といっても、若い人にはあまりなじみがなく、「誰？」ということになるのかもしれませんが、舞台『レ・ミゼラブル』ではロングラン記録を打ち立て、また、かつては20年以上料理番組のMCなども務めた人気俳優でした（いまは芸能界から少し距離をおき、仏師＝仏像制作者として活躍されています）。

ＮＨＫの大河ドラマ『どうする家康』でジャニーズ事務所の松本潤さんが家康を演じていますが、いまから40年前、１９８３年、『徳川家康』で主人公を演じたのが滝田栄さんでした。松潤の大先輩にあたるわけですね。

滝田栄さんは役づくりのために、家康が幼少のころに人質として預けられた禅寺を訪ねて実際にそこで修行を積まれます。そのときの様子は『滝田栄、仏像を彫る』（毎日新聞社）という書籍のなかに詳しく紹介されているのですが、そのなかのエピソードをひとつご紹介しましょう。

ある早朝の庭掃除のときに滝田さんがひとりの修行僧に「禅とはなにか」と尋ねると、間髪入れずに「この庭掃除も禅です」と答えが返ってきます。そして〈その瞬間、私の中であそういうことか！〉という大きな納得が起きたというのです。

〈この見事な庭も毎日掃除をしているから美しいのだ。わずか数日でも放っておけば、あっという間に落ち葉に埋もれ、草が茂り、寺はお化け屋敷と化してしまう。何百年、掃除し続けてきた証が、この庭の美しさや爽やかさと絶対の風格となって表れているのだ。人間の心の中も、放っておけば煩悩、妄想、憂うべきことの塵が積もり、化け物と化すだろう。その徹底した命の掃除、それも禅の一つかと納得したのである。〉

……滝田さんが悟った「徹底した命の掃除（日々の徹底）」、これは私たちの仕事にも通じます。小さなことのように思えることも丁寧に大事に行う。繰り返しになるけれど、**日々、安全を意識し、それを更新していくことが、じつは成長につながり、また結局は大きな成果を得ることにもなる**わけです。

自分たちの仕事に誇りをもって、がんばっていきましょう。

２０２３年３月

53 生きてゆくための手すり

新聞や雑誌、あるいはテレビなどでいろいろな事故が紹介されています。

先日、ふと目にした記事に考えさせられたので紹介しておきます。

「クルマに轢《ひ》かれる危険がもっとも高いのは、1台目のクルマをうまくよけた直後です」

そうかもしれませんね。同じことは仕事においても日常においてもいえそうです。問題やトラブルをうまく処理して、安心から気をゆるめたときにこそ、次の危機が迫っている可能性は少なくありません。登山なども下りのほうが事故が多いと聞きます。

一段落したときの息抜きと油断を同一視しないでほしいのです。


ところで、事故防止といえば、注意を怠ると転落事故が起きかねない渓流沿いの細道や橋などには、必ず手すりがついています。その手すりは万全さを保証しているわけではありませんが、あればそれなりの安心感があります。人生において生きるうえでの手すりは、ある時期までは親であり、教師や先輩がその役割を果たし、安心や保護といった安定感を与えています。完全によりかかっても助けにならないかもしれませんが、心の大きな支えにはなるでしょう。

自分には手すりなどいらないと、いきがらないほうが良いように思います。手すりは弱いから必要なのではなく、しっかりと生きていくために必要なものと受け止めましょう。

一度、自分の立場を手すりという観点から見直し、よりかかりの安定感をメンテナンスしておきましょう。

１９９９年４月

（自転車にもヘルメット着用が努力義務とされるようになりました。駅などでもエスカレーターを手すりをもたないでスタスタと歩く人が多かったのが、最近は「歩かない」注意のポスターなどを見かけるようになりました。ひと昔前までは見過ごされていた安心への小さな気づきが増えているようです。これも大切なことですね）。

第4章

伝える力を育む

コミュニケーション・絆を深め〈かためる〉

54 「伝える」と「伝わる」の違いを理解しよう

「いったでしょう」「いいえ、聞いていないです」

「いや伝えたよ！」「そんなことないです!!」

こんなやりとりを誰もが経験したことがあるでしょう。新婚カップルの勘違いならケンカして仲直りで済むことですが、ビジネスの場でこれが何度も起こるようなら要注意。

『伝えることから始めよう』（東洋経済新報社）という書籍があります。小さな街のカメラ屋さんを一代で年商１７００億円超えの日本一有名なテレビ通販会社に築きあげた「ジャパネットたかた」の髙田明前社長の著書ですが、この本のなかに「伝える」大切さが丁寧に説かれています。

よそで買えないものでなく、量販店やデパートなどどこでも買えるものが、なぜジャパネットで売れるのか？　よそで売れなかったものが、なぜジャパネットでヒット商品になるのか？　しかも価格はよそとさほど変わらないのに、なぜ？　その答えは、ジャパネットがどこよりも丁寧にわかりやすく、そしておもしろく伝えるからというのです。

もちろん、お年寄りが聞き取りやすいようにハイトーンで話すといった話し方のテクニックもあるようですが、いくら話が上手でも相手が聞く気にならなければ伝わりません。伝わらなかったら、伝えていないのと同じだといいます。

たとえば、ボイスレコーダーの機能の良さをハード面でいくら丁寧に解説しても、お年寄りにはピンときませんね。しかし、「自分の声で簡単に録音しておけばメモよりも便利ですよ。脳の活性化にもなりますよ」と説明すれば、「なんだか、おもしろそうだな」と関心をもってもらえるというわけです。**「つい、思わず身を乗り出してしまう」ぐらい相手に関心をもってもらうこと。いい換えれば、相手の気持ちに寄り添う、「伝わる」ように訴えかけること**です。もちろん、そのためには伝える側はたくさんの引出しを用意しておくことも大事でしょう。

このことはものを売るという世界だけでなく、広く一般にも当てはまります。「いった、いわない」「聞いた、聞いていない」のトラブルを防ぐためにメモを残す、記録するといったことも大切ですが、自分の話が一方的になっていないか、相手にしっかり伝わっているか、あるいは伝え方に問題がないかを、ときどき振り返ってみたいものです。

２０１７年３月

55 「大切な人へのラブレター」で、心のセンサーを磨こう

いつもニコニコしているおばあさんがおられました。

笑顔の秘訣は「亡くなったご主人宛てのラブレター」

一日を振り返って、こんなことがあった、こんなふうに思ったと大切な人に語りかけるように手紙を書いていると、心の整理がつき穏やかになれるとおっしゃっていたそうです。

「きょうも一日ありがとう」という言葉からはじめることが肝心。

「ありがとう」ではじめれば、たとえいやなことや腹が立つことがあっても、負の内容をそのままストレートにはぶつけにくいですし、少なくともいやな思いを大きく膨らますことはできないといいます。

辛いことや不安、ストレスが多くて生きにくい時代です。先行きのわからないことがたくさんあって、きれいごとだけでは済まされません。でも、だからこそ、このおばあさんのような心の余裕がもてればいいですね。もちろん避けられない好ましくないことはありますが、心を整理して不平不満、不安の感情をそれ以上育てなければいいのです。

もちろん誰に宛てて手紙を書いたらいいのかわからないとおっしゃる方もいるでしょう。

実際のところ、毎日、手紙や日記を書くことなどは難しいかもしれないのですが、自分を少し客観的に振り返る気持ちのゆとりをもちたいものです。

「ワークライフバランス（ライフワークバランス）」や「働き方改革」という言葉がありますが、当社ケイハンも、皆さんが働きやすい会社でありたいと願いますし、そのために必要な改善はしっかりと進めていきたいと思います。困ったことや、こうすればいいという提案があれば遠慮なく声をかけてください。

会社を良くするのは従業員一人ひとりの力によるものです。

たとえば運動会の綱引きは力の強い人ひとりだけでは勝てません。また力の強い人が大勢いても力を入れるタイミングがバラバラでは勝てません。力の差がある人たちが気持ちをひとつに一緒になって大きな結果を得られるのが綱引きの醍醐味です。会社も同じですね。一人ひとりが心のセンサーを磨いて、自分の振り返りはもちろん、ほかの人にも目を向ける、周囲の声を受け入れる感性を養っていければと願います。これからも皆さん、ひとつになって大きな目標に向かっていきましょう！

２０１９年２月

56 「聞けばわかるだろう」が通じていないこともある？

雑誌『プレジデント』（2018年6月18日号）で国立情報学研究所教授の新井紀子さんが「読解力」について解説されていました。

よく「コミュニケーション力」が大事だといいます。これを「人間力」としてとらえることが多いのですが、**いくら会話を重ね、飲みニケーションの機会を増やしても、「内容」をしっかり理解できていなければ、すれ違いに終わってしまいます。**いくら人間力があって人あたりが良くても「いい人なんだけど、仕事をしたら生産性が低いね」ということもありますね。大切なのは言葉の意味を正確に理解できているか、共有できているかでしょう。

同誌のなかで紹介されていた「リーディングスキルテキスト」を紹介します。

次の文章「メジャーリーグ選手のうち28％はアメリカ合衆国以外の出身の選手であるが、その出身国を見るとドミニカ共和国が最も多くおよそ35％である」、この文章からメジャーリーグ選手の出身国の内訳を表す図として適当なものをすべて選んでください。

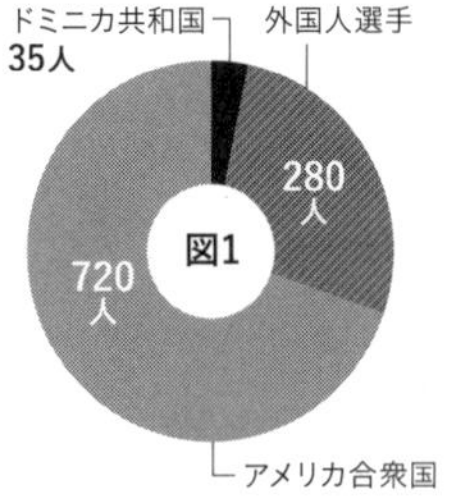

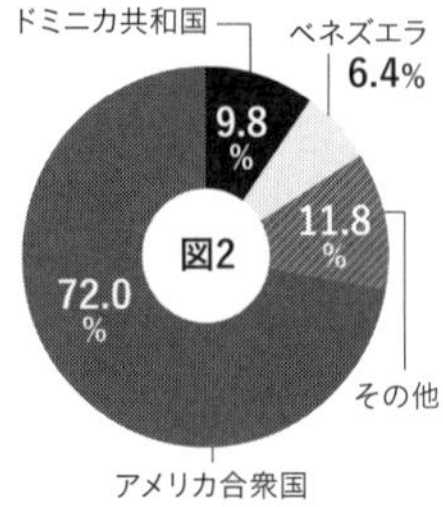

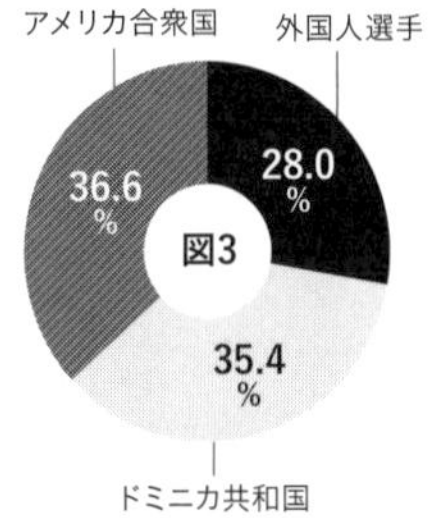

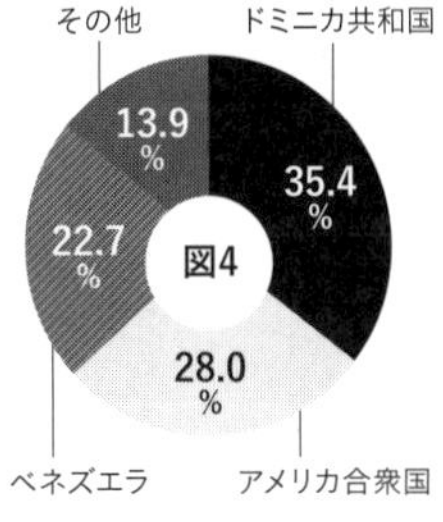

少し難しいでしょうか？　正解は図２。東大生の正解率は52％、中学生が12％、高校生は28％だそうです。「のうち」「以外の」という語句を読み飛ばすか、理解できないで誤答することが多いそうです。「読解力」を磨いていきましょう。

いまの季節、蓮の花が見ごろです。

花が咲いたとき、その上を吹く風のことを「荷風《かふう》」といいます。泥水を吸い上げながらも美しい花を咲かせることから蓮には「清らかな心」という花言葉もあるようですが、清々しく品の良い香り、幽《かす》かな香りです。言葉に対する理解力とともに、こういったものを味わう感性も磨きたいですね。

２０１８年６月

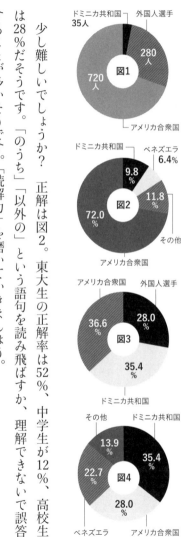

57 パラシュートは役に立たない⁉

飛行機から飛び降りなければいけないときパラシュートが役に立つと誰もが信じています。でもパラシュートをしてもしていなくても、命を落とす、ケガをするリスクはほとんど変わらないという報告があります。そんな馬鹿な話があるか、マユツバだろうとお思いかもしれません。でも世界五大医学雑誌と呼ばれる『ブリティッシュ・メディカルジャーナル（British Medical Journal）』に掲載されたレポートで、ハーバード大学などに属する研究チームのしっかりとした実証試験の結果によるものです。

まさか、まさかの衝撃の結果ですね。

ただ種明かしをすると、実証試験は数千キロ上空を飛ぶ飛行機からではなく、地面に駐めてある小型セスナ機の地上60センチの翼から飛び降りるというものでした。なるほど、これならパラシュートを背負う、背負わないはまったく関係ありません、誰もがケガもしなければ命を落とすわけでもないので、リスクは変わりません。

「な〜んだ」という笑い話にできそうですが、ランダム化比較試験（無作為化比較試験）といわれる信憑《しんぴょう》性の高い研究方法を使っての結果です。たとえ、どんなに信憑性の高いランダム化比較試験であっても、これはある条件下で行った場合のみ、そういう結果が出たというだけでしかないのです。つまり、この実証試験はエビデンス（証明、科学的根拠）が重要だという風潮、思い込みがあるけれど、条件を確認せずにそれを拡大解釈することに警鐘を鳴らすものだったわけです。

これは医学の世界での話ですが、政治でも経済でも社会でも教育でも、ニュースの断面だけ見て、そうだと思い込んでいることがあるかもしれません。都合のいい部分だけを強調し、まずいところは頬かむりということがたくさんあります。

あるいはその逆で、問題点ばかりが強調されミスリードされ、いい点を見落としてしまう……。私たちも**仕事をするうえで、都合のいい前提条件だけで満足していないか、あるいはこういうものだという思い込みで自ら可能性を潰していないかチェックしていきたいもの**です。

今週末からゴールデンウィークがはじまります。いい休暇を過ごして心と身体をメンテナンス、リフレッシュしてください。皆一丸となって新しい風を吹かせていきましょう!!

２０１９年４月

58 思わず身を乗り出したくなる！

『メモの魔力』（前田裕二　幻冬舎）という本があります。ベストセラーになっているのでお読みになった方もいらっしゃるでしょう。

「メモを第2の脳として活用する」「記録でなく『知的生産』のためにメモをとる」「メモで『創造の機会損失』を減らす」「メモの本質は『ノウハウ』でなく生き方である」……、メモに関してなるほどと目からウロコが落ちる見出しが多いので、興味のある方はご一読ください。

実際、身近な人間を観察していると伸びる人、優秀な人にはメモ魔が多いようで、過去の偉人でもアインシュタイン、エジソン、ナイチンゲールなどもメモ魔だったようですね。

この『メモの魔力』で、能を大成させた世阿弥《ぜあみ》の「離見《りけん》の見」が紹介されていました。能楽書『花鏡』で世阿弥が紹介する言葉に「我見《がけん》」と「離見」があります。芸事で良い演者と悪い演者を分けるものは「目」である。悪い演者というのは自分自身（我）が見つめる目、すなわち「我見」しかもち合わせていない。その一方で上手な演者は、自分の身体を離れたところから自分を客観視する「離見」の目をもっているというのです。

いわば幽体離脱をして、あらゆる方向から自身の演技を見る目、つまり観客としての目も大切だということです。いい演技をしようとすると力が入って自分本位になりがちだといいますが、これは仕事や技術などにも当てはまるかもしれません。自分が良いと思うほどそれを強くアピールしたくなります。ひとりよがりにならないよう、周りが見えなくならないよう「観客の目」を忘れないようにしていきたいものです。

ひと言でいえば、**客観視することが大事で、じつはメモはそのために役に立つということでした。**

いい映画やお芝居などを観ていると登場人物に感情移入し、その世界についつい引き込まれることがありますね。私たちもお客さまが思わず身を乗り出してしまいたくなるような、モノづくりを目指していきましょう。

２０１９年春

59 「やばい」という言葉はやっぱり「やばい」⁉

「それってやばいです！」っていわれて、あなたはどんなふうに受け取りますか？　肯定的？　それとも否定的？　どちらにとらえるでしょうか？

「やばい」は、もともとは犯罪者仲間などで使われる言葉でした。①違法なことをして警察の手が及びそうな様子　②自分の身に好ましくない結果を招く状態を表すもので、ノーベル受賞作家の川端康成が不良少年を描いた『浅草紅団』という小説で「私と歩くのはヤバイ（危い）からお止しなさい」とカッコつきで使ったことで、世に知られるようになったようです。

「やばいよ、やばいよ」はお笑い芸人、出川哲郎さんの専売特許ですが、それでもこの「やばい」は「危険」とか「ひどい」「汚い」といったネガティブなことでした。でも最近では「やばい」が「かわいい」とか「かっこいい」などのポジティブ表現で使われるようです。ある雑誌では「やばい」の使い方一覧ができていました。

もちろん、言葉は生きています。言葉の乱れを嘆くつもりはありません。しかし「やばい」を使わないようにするだけで、語彙力、表現力が豊富になるといいます。それは人間力を高めることにつながります。**文脈やその場の雰囲気で読み取るのも大事ですが、どちらにも取れるような、誤解が生じるような表現は控えるようにしたい**ものです。ふだんコミュニケーションで使っている言葉も再点検しましょう。

花瓶でもコップでも靴でも、拭くだけでは光らないけれど磨けば光ります。「拭く」と「磨く」の違い、そのニュアンスをしっかり理解したいものです。以前、この「給与レター」で触れたことがありますが、**仕事には「雑用」はありませんが、「雑なやり方」をしてしまうことがあるので用心しましょう。**小さなことこそ雑に扱わず丁寧に行い、大きな問題を未然に防ぎましょう。

まずは「やばい」を使わないことからはじめてみましょうか？

２０１８年夏

60 ひらめきを大事にする

以前『林先生の初耳学』という番組で、ちょっとしたひらめきで売り上げを倍増させた、トラブルを解決したという事例がクイズ形式で紹介されていました。日曜夜の人気番組なのでご覧になった方も多いでしょう。

そのなかで、絵本をネット通販する絵本ナビという会社が売上を4倍にしたひらめきが紹介されていました。同社は大手通販会社に押され、業績が伸び悩んでいたのですが、自社サイト上で、販売する絵本の中身すべて（全ページ）を紹介することにしたのです（会員登録や回数制限はあり）。

普通はまず考えられないことですね。ネット上で完結してしまい、ミステリー小説などではネタバレにもなり、まったく売り上げにつながりません。でも絵本は両親やおばあちゃん、おじいちゃんが、子どもや孫に読み聞かせるものです。どんな内容なのかを確かめ、自分たちの子どもや孫が読むのに良いかを判断して購入するものです。ですから、絵本の中身をすべてオープンにするということが、逆に安心の評価につながり、業績アップとなったわけでしょう。

また、最近は店内に雑貨コーナーを設けて、そこに絵本も並べる書店が増えているそうです。昔から愛されている絵本のキャラクターを人形などのグッズにして、その絵本の世界観を演出すると、人形やステーショナリー、グッズとともに絵本も売れる。なかには前年対比10倍となる絵本もあるそうです。ひと昔前は本が消しゴムや雑貨小物とともに並ぶということはあり得なかったのですが、これも「本はこういう売り方をするもの」という枠を取り払ったひらめきといえるでしょう。

自分の仕事を徹底的に好きになり、あれこれ見直してみたり、組み合わせてみたりすると、思わぬひらめきが生まれるかもしれません！

尚、『林先生の初耳学』で紹介されていたひらめき事例（クイズ）も追記します。チャレンジして「ひらめき力」をアップさせてください。

①気温マイナス15℃、20℃となる極寒の地。寒くて外出したくないものだが、寒い日ほど売り上げ増を誇るお店がある。そのひらめきとは？

②インドでは、交差点での信号待ちがまんできずクラクションを鳴らす騒音公害が起こっていた。しかしあるものを導入したことで問題解決。そのあるものとはなに？

2020年　夏

答え①　マイナスの温度に応じて割引サービスを展開
②　騒音を出すと信号の時間が延長される仕組みを導入

61 まずは身近な人から思いやり

毒舌だけれど、お年寄りには大人気の毒蝮三太夫《どくまむしさんだゆう》さんが、あるインタビューで「お年寄りや体の不自由な人は、世話をされるだけでなく、自分もお世話をしたいと思っている。役に立ちたいと思っている、だからその思いを尊重する。皆対等だ。○○してあげるとか、お気の毒になどと上から目線にならないようにしている」と答えていました。どんな人にもその人ならではの役まわりがあるわけですね。

また、コンサルティング大手のマッキンゼーの報告書には、経営陣に女性がいる会社は、そうでない会社よりも営業利益率が高いという調査結果がありました。紛争など国連がかかわる分野でも、女性が加わって交渉した和平合意は男性だけで交渉した和平合意に比べ、15年間持続する可能性が35％高まるという研究結果があるそうです。世界の人口の半分は女性ですから、その想いやニーズをしっかり把握している人が入ることで成果が上がるのは、考えてみればもっともなことですね。

当社ケイハンは、その歴史や業種業容から、いまも男性中心の社会であることは否めません。でも「これまでがそうであったからこれからもそう」という固定観念は取り払っていくべき時代。年齢や性別、国籍や学歴などにかかわらず、一人ひとりがもっと尊重され輝ける新しい価値を創造していかないといけないでしょう。「新しい価値の創造」などというと、なんだかコムズカシイ、よそよそしいものを感じるかもしれませんが、単純にいえば、たとえば、新型コロナウイルスの感染拡大で、これまで当たり前にできていたことができなくなっているいまだからこそ、いろいろなものが見直せるということです。

コロナウイルスに関しては、まだまだ不安な日が続きます。こんなときは弱いところにしわ寄せが行きがち。いまのことだけ、目の前のことだけに心奪われ、余裕を失いがちです。**「目先のことだけしか見えない・考えられない」**が**「自分のことしか見えない・考えられない」につながらないよう注意したいもの**です。

最初に紹介した毒蝮三太夫さんは、月に1、2度、奥さまにハガキを書いて投函しているそうです。面と向かっていいにくい感謝の気持ちをさり気なく伝えているわけで、これなら難しいことではなさそうです。

パートナーだったり、両親だったり、職場仲間だったり、まずは身近な人を、これまで以上に思いやることからはじめましょう。そうすればものごとが必ず良いほうに向かっていくと信じています。健康・安全には十分留意して、前を向いていきましょう。

２０２０年４月

62 「読むクスリ」は薬局で、それとも書店で？

　大阪の豊中市に今年6月「ページ薬局」という調剤薬局がオープンしました。薬屋さんなのに本屋さんでもあるのがユニークです。

　最近は本を買うだけならネット書店のほうが便利だとか、電子書籍をダウンロードする割合が増えていて、街から小さな本屋さんの姿がどんどん消失。昔ながらの形態での書店経営が厳しくなっていて、資本力のある大型チェーンか、カフェや雑貨店など異業種との連携が増えています。この「ページ薬局」は、その究極の変化技ともいえるのでしょう。

もともと本が大好きだった薬剤師の方が独立して薬局を開く際に、せっかくなら自分にたくさんの影響を与えてくれた本を扱ってみようと、本の販売業務も加えたものです。

　病院での診察を終えると、薬を求めて必ず人はやってきます。お客さんは薬の調合の待ち時間を利用して新刊や話題書に触れ、本を買おうかなという気になります。そしてじつは調剤薬局は処方箋《せん》がなくても入れるのですが、なかなかふらっとは入りにくいもの。でも街の本屋さんをのぞく感覚でお店に入って、マスクを買ったり、栄養ドリンクを買ったり、のどあめを買ったりすることもできるのです。

本は委託販売制なので在庫を抱えることはなく、薬局との併設なので余分な人件費や光熱費もかからずと、リスクも低く抑えることができているようです。

自己啓発書などに「成功の秘訣のひとつは好きなことではなく、できることをやること」と紹介されることがあります。好き嫌いでは視野が狭まってしまう、自分ができることを常に冷静に見極め・究めていくことが大切ですが、「ページ薬局」の店主さんは、自分の「好き」と「できる」のバランスを上手に取られているのでしょう。もちろん、自分の好きな本だけをおくのではなく、どんな本が求められるかの目利きが問われていくと思いますが、一過性の話題で終わらず、ずっとうまくいくといいですね。

「ページ薬局」は街から本屋さんがなくなったので成り立つコラボレーションともいえます。**昔ならあり得なかった、考えられなかった組み合わせが、まだまだ意外なところから見つかる**かもしれません。頭を柔軟にして、情報の感度を上げていきましょう。

秋は昔から「読書の秋」といわれます。良い本に出合えるといいですね。

２０２０年10月

63 常識的回答と実態のズレ

前項で「本も販売する薬局」を紹介しましたが、かつて週刊誌に「読むクスリ」というコラムがあり、1984年から8年ほど長期連載され、30冊以上書籍化されています。古本を斜め読みしてみると「常識は変わる」という項目がありました。

小学1年生のAくんが×だらけのテスト用紙をもって帰ってしょんぼり。「全部○だと思ったのに全部×、どこがダメなのかな」というので用紙を見ると「さかなをうっているのは？」「やさいをうっているのは？」「えんぴつをうっているのは？」という質問が並び、Aくんは全部に「スーパー」と書いてオール×だったのです。

模範解答は「魚屋さん」八百屋さん」「文房具屋さん」だったのでしょう。先生が求める常識的回答とAくんの生活実態にはズレがある。このズレを×にするのは、かわいそうだという話です。いまの時代なら、Aくん、同じ質問に「Ａｍａｚｏｎ」と答えるかもしれませんね。いま、20代、30代の方なら自分が生まれる前の話なので、あまりピンとこないかもしれませんが、このコラムが書かれた1984年は戦後の高度成長期を終え、石油ショックも経験し、いよいよバブル期に突入していくときです。そんなイケイケの時代でも〈古い価値観にしばられず常識は更新されていくべき〉という戒めであったわけです。
「常識を更新する」という考えは、いまでもビジネスの場では共通のことです。たとえば、かつてはファクスやメールを送ったあと、そのことを電話で確認するのが「常識」でした。私もそうですが、ある世代より上は相手の声を聞いて安心する・納得するというところがありますが、若い人ならそれは無駄と考える人が多いでしょう。

丁寧に伝えるつもりの文章が、メールだと長くてまどろっこしいと敬遠される場合もあります。古いメールを利用して、古い標題のまま新しい内容を「返信」で送って来られる場合があります……そんなことが気になる人もいれば、無頓着な人もいるようです。なにが正しいのか、どちらを選べばいいのか判断に迷うことも起こります。

上述の小学1年生の問題文でいえば、先生が求める模範解答があり、Aくんの生活実態に合った答えがはねられたわけですが、少なくともいまの私たちには知恵があります。**それぞれが相手のことを思い、相手の求める意図を汲み取るように努力すること、それが常識を更新していくこと**だと思っています。

私も「社長、それは古いですよ」といわれないように気をつけてまいります！

２０２０年11月

64 「おたがいさま」でたがいに成長を

長崎で原爆に被爆し余命わずかの宣告を受け床に伏しながらも、平和の願い、命の尊さを発信し続けた医師がいました。永井隆といい、彼の随筆や小説はベストセラーとなり映画にもなりました。その永井博士、自ら被爆者でありながら、**「闘病」という言葉を嫌い「養生《ようじょう》」という言葉を好んだそうです。病気と対峙するのでなく、しっかり病と向き合い生を養いたい、良い生き方をしたいということだった**のでしょう。

さて、もうすぐ節分、豆まきですね。奈良の吉野山では2月3日は「鬼は内」と豆まきをしたあと、翌日からは改心した鬼と仲良く過ごすそうです。退治・対峙するだけでなく、ゆるし受け入れる寛容さも大事だということでしょう。

新型コロナウイルスという鬼はなかなか悪さをやめませんが、今年こそ、節分を機に、この鬼とうまく共存していけるようになることを祈っています。

名古屋駅できしめんをテイクアウトして車内で食べていたら、少し離れた席の見知らぬ男性から「においが強いので早く食べて容器を捨てろ」と文句をいわれ驚いたと、知人から聞かされました。「新幹線ホームで車内用にと販売していたものをゆっくり食べてなにが悪い」と反論しようかとも思ったが、トラブルを避けて大人の対応をしたとのことでした。

この話を聞いて、歌手の和田アキ子さんのラジオでの「新幹線でたこやきがNGでシュウマイがOKなのがよくわからない」旨の発言がネットニュースになっていたのも思い出しました。

もちろん、他者への心くばりは大切ですが……、最近は「ここまではがまんできる」というがまんの限界値が低くなっているようにも思えます。SDGsとか多様性とかダイバーシティという言葉をよく耳にしますが、その一方で「おおらかさ」が失われつつあるようです。家庭でも、会社でも、ときには首をかしげたくなるようなことがあるかもしれません。それを「ただす」ということは大事なことですが、そこに「寛容（おおらかさ）」を忘れないようにしましょう。**「おたがいさま」を大事にしながら成長していけるといいですね。**

令和4年、今年も喜びと実りの多い1年としていきましょう！

2022年1月

65 言葉は知っていても正しく使えていないこと

論理的思考や数字に弱い大学生が多いという調査結果が出てテレビや新聞などでも大きく取り上げられました。小学6年生で学ぶ平均の定義や性質についてわからない人がかなりいるとのことでした。その問題の一部を掲載してみましょう。

問題　生徒100人の身長の平均が163・5センチだった。この結果から確実に正しいといえることには○、そうでないものには×をつけなさい。

(1) 身長163・5センチより高い生徒と低い生徒はそれぞれ50人ずついる

(2) 100人全員の身長を足すと16350センチになる

(3) 身長を10センチごとに区分けすると160センチ以上、170センチ未満の生徒がもっとも多い

【正解 (1)× (2)○ (3)×】

平均値の正しい意味だけでなく、中央値（大きさの順に並べたときに中央に位置する値）、最頻値との誤解も目だったそうです。

注意をしてみると私たちの周囲には同類の誤解があることに気がつきます。

たとえばプロ野球の中継でアナウンサーが「A選手の打率は3割。今日はいまのところ3打数ノーヒットですが、確率的にはこの第4打席でそろそろヒットを打つころです」というようなことを聞いたことがありませんか？

なんとなく納得してしまいますが、厳密にいえばじつはおかしな表現です。「打率が3割」という言葉の意味するものはどの打席でもヒットを打つ可能性は毎回3割なのです。ですから前の3打席がノーヒットだからといって、次の4打席目にヒットを打つ確率は3割でしかありません。これはサイコロを投げて20回続けて1の目が出なくても、その次に投げるときに1が出る確率が6分の1であるのと同じです（ちなみに3割バッターが4打席連続ノーヒットになる確率は0・7×0・7×0・7×0・7＝0・2401。2割4分ほどです）。

「確率」や「統計」という言葉は知っていても、ものごとを考える際に、それを正しく使うのが不得意な人が多いようです。数字に強い、弱いはあるでしょうが、弱いことに甘んじず、仕事の進め方なども含め総点検していきましょう。

2012年3月

66 マナーをアップデートする

突然ですが、列車（新幹線など）に乗って、座席の背もたれを後ろに倒すとき、どうしていますか？

A．なにもいわずに倒す、B．後ろの人に「倒していいですか」と声をかけ許可を得る、C．「倒します」と少し後ろを振り向きながら独り言のように呟《つぶや》き座席を倒していく。

Aについてはもちろん論外。テーブルに飲みものがあると、前席が力任せにリクライニングした拍子にこぼれたり、ケガをしたりする恐れがあります。声掛けは事故を防ぐ事前予告ともいえるでしょう。では正解はB、それともCどちら？

私はB派だったのですが、日本経済新聞の「マナーのツボ」で、マナー講師の美月あきこさんがCを勧められていました。

「近年、他人とのかかわりを避けたい人が増えている印象があります。『倒していいですか』は素晴らしい気づかいですが、相手によっては善意と自己満足の押し付けととられることがある点も知っておくべき。公共交通機関は不特定多数が乗り合わせ、利用者には快適性への配慮と同時に想像力が求められます」とのことでした。

実際、某有名人が「倒してもいいですか」と聞いてきた前席の乗客に対し、SNSで「いちいち聞くな」と苦言を呈したのが話題になったそうです。

「公の場」は、本来は「おたがいさまの場」です。

けれど、座席などの場合、お金を出したのだからそのスペースを自分が独占できる、快適な場所であるべきだと、ついそんなふうにも考えてしまいがちですね。だから、自分のテリトリーを侵害するのは困ると、他者に対してどんどん壁を高くし、不寛容にもなりがち。赤ちゃんの泣き声もうるさいと感じてしまう人もでてくるのでしょう。

ちょっとせちがらい世のなかです。

公の場で、ビジネスの場で、知らず知らずのうちに「公私混同」をしていないか自戒し、と同時に、**自分自身のマナー意識が古くなっていないか、錆びついていないかも見直し、時代に合わせた上書きもしていかなければ**と思っています。

２０２２年８月

67「つもりちがい」を積もらせない

以前、どなたかにいただいた「つもりちがいの十ヶ条」というコピーが出てきたので、ご紹介しましょう。

高いつもりで低いのが教養　低いつもりで高いのが気位
深いつもりで浅いのが知識　浅いつもりで深いのが欲望
厚いつもりで薄いのが人情　薄いつもりで厚いのが面《つら》の皮《かわ》
強いつもりで弱いのが根性　弱いつもりで強いのが自我
多いつもりで少ないのが分別　少ないつもりで多いのが無駄

長野県の元善光寺《もとぜんこうじ》のご住職がつくられたものだそうですが、2行で一連をなす語句が5連続いています。どのひとつをとってもなるほどと感じ入ります。そしてこれをさらにアレンジしたものもあるようで……

早いつもりで遅いのが次の段取り　遅いつもりで早いのが結果へのあきらめ
大きいつもりで小さいのが挨拶　小さいつもりで大きいのがおしゃべり

長いつもりで短いのが集中時間　短いつもりで長いのがダラダラ休憩
高いつもりで低いのがまわりの評価　低いつもりで高いのがプライド
強いつもりで弱いのが決断力　弱いつもりで強いのがナルシズム

仕事や生活を振り返って、自分なりの「つもりちがい」をつくってみるのもいいかもしれません。**塵も積もれば山となります。小さな「つもりちがい」を積み重ねないようにしていきましょう！**

「小寒」「大寒」を過ぎ、来月2月4日は「立春」を迎えます。暦のうえでは寒が明け、春を迎えることになります。いろいろなものが芽吹いていく季節です。コロナ禍などまだまだ注意すべきことはありますが、安全にも留意し明るく前を向いていきましょう。

２０２３年１月

68 「喜べば　喜びごとが喜んで　喜び連れて　喜びに来る」

今年も残りわずかとなりました。

この1年間、ほんとうにお疲れさまでした。

とくに当社には年末年始関係なく仕事に従事する3交代勤務者が多数いますが、皆さんの尽力が「ケイハン」を支えています。あらためて感謝します。ありがとう！

さて、先日、あるお寺※の額に「喜べば　喜びごとが喜んで　喜び連れて　喜びに来る」という言葉があると聞きました。この言葉の出典は、じつははっきりしないのですが、このお寺の住職のお父上が気に入られた言葉だったそうで、揮毫《きごう》されたものが飾られていたそうです。いい言葉ですし、これから新しい年を迎えるのにふさわしい言葉だと思いますので、ここに紹介させていただきます。

「喜びの感度を上げる」などともいいますが、**いいこと、うれしいことがあれば大いに喜び、それを皆で分かち合うこと、喜びを伝搬させていくことが大事**です。

ビジネスでは「Win-Win」の関係といいますが、たがいに利益が上げられるということだけでなく、さらに一歩進めて「Joy-Joy」（喜びを共有できる）関係まで深めていければと願っています。

すでにご承知の通り、当社ケイハンは今年9月に創業90年を迎えました。社内報でもお伝えしましたが、この1年をアニバーサリーイヤーとして、会社を良くする、仕事を楽しくする、皆で喜びを分かち合えるアイデアを引き続き募集しています。

小さな気づき、小さな工夫を教えてください。そして、それを皆で共有していければと願っています。

コロナの感染者がまた拡大傾向にあるようです。健康管理を怠らず、安全にも留意し、最後まで気を引き締めてまいりましょう。

２０２２年12月

※京都府綾部市にある林南院《りんなんいん》。こちらのご住職の田中利典さんは、世界遺産・奈良吉野の金峯山寺《きんぷせんじ》の長臈《ちょうろう》でもある

69 下手をどう読みますか？

漢字の下手を「へた」と読めばへたくそ、上手でないこと。「しもて」と読めば演劇やコンサートで舞台に向かって左のほうのことです。女優の吉行和子さんが初舞台で、演出家からの「下手すぎる」（もっと舞台の中央に行け）というメモを受け取って「しもて」という言葉を知らなかったばかりに、「お前の演技はへたすぎる」という強烈なダメ出しを食らったと勘違いして目の前が真っ暗になったと新聞連載で語っていました。

これは勘違い・笑い話で済んだ話ですが、自分たちでは当たり前だと思っている言葉が、業界が変われば通じないことは多々ありますし、テレビで若い子が使っているこの言葉の意味は？といったクイズが出ることもあります。「ぴえん」ってなんだかわかりますか？悲しい気持ち、残念な想いを表すそうですが、世代が違うとまさにチンプンカンプンですね。

サブスクやサスティナブルといったカタカナ語も、わかっているつもりでも人に正しく説明できるかとなれば不安になりますし、コロナ禍以降、ワーケーションやズームなどどんどん新しい言葉が世をにぎわすようになっています。自分が使っている言葉が相手にきちんと響いているかを、ときどきチェックしてもいいかもしれません。

「うそでしょ」「え、うそうそうそ」などと軽く相づち代わりに口にすることがあります。一般には〈信じられない、すごい〉という意味合いで相手を否定するものではないのですが、日本語を母国語にしない人には、これが「うそつき！　あなたのことは信じない」と人格否定ととらえられることがあるそうです。また、「太陽」を絵に描いてといわれ、日本人の多くは太陽を「赤く」描きますが、これは世界でも少数派。同じ言葉でも、風土、文化、おかれた環境で感じるものが微妙に違うのです。

また言葉の省略や表現足らずで誤解を生むこともあります。大事なことが自分の意図したように伝わらない、良かれと思ったことが逆効果になるといったことがないように気をつけたいものです。インターネットのおかげで、遠く離れていてもコンタクトが取れてつながれる時代ですが、**便利だからこそ、それになれて「雑」にならないように、丁寧にコミュニケーションを図っていきたい**ものです。

2021年5月

第5章

そして未来へ

挑戦し続ける意志を〈かためる〉

70 会社の「人格」を磨いていこう

上場企業のなかには年に2回、4月だけでなく、10月にも入社式をするところが増えているそうです。海外の大学を卒業した人や第2新卒者採用のためで、より多様な人材が求められているということですね。

さて某家電メーカーの昨秋の入社式の社長のメッセージを目にする機会がありました。新入社員に向けた言葉は、新しい年へのメッセージとして当社にも当てはまると思いますので、要約して紹介してみましょう。

〈会社の売上と利益は人間でいえば体重と身長である。体重と身長は大事なもの。必要なものであるけれど、人間はそれだけではない。人格を磨くことで成長していくことができる。会社にとっての「人格」とはいかに社会に貢献していけるかということである。良いものづくりを通して自分たちも利益を上げ、かつ社会貢献もしていく。企業の成長と社会貢献はそれぞれが別のものではなく、一体となっているのである〉

当社ケイハンも「かためる」技術で環境問題や資源問題に貢献しています。日本製鉄やJFEスチールなどグローバル企業をサポートすることで、最先端技術にもコミットし、日本だけでなく、世界中の人たちの暮らしを支えています。日々の業務の延長線上が社会貢献につながっているということをあらためて認識し、大きな役割を担っていることを自覚し「人格」を磨いていきましょう。

ところで、明石家さんまさんがかつてインタビューで一流と二流の違いを問われて「笑いに品があるかないかである」と答えていました。一見、ヘラヘラしているように思えるけれど、40年以上お笑いのトップを走り続けている人物の重みを感じさせる言葉でした。笑いをとるために手段を選ばないのではいずれ淘汰《とうた》される。ベースにあるのは相手への愛や思いやり、気づかいだというわけです。

「笑う門《かど》には福来る」といいます。この笑いはもちろん、人を傷つけたり失敗を嘲笑するものではなく、心が温まるものですね。今年が皆さんにとって実り豊かな年となり、笑顔がいっぱいの年であることを願います。

２０１８年　冬

71 私たちの仕事は宇宙につながっている⁉

宇宙開発のベンチャー企業に、政府が2018年度から1000億円の支援枠を新設し、宇宙航空研究開発機構（JAXA）などの研究者を登録する人材バンクや、月面資源の開発を促す新しい法律を検討するというニュースがありました。今後、国内の宇宙産業の市場規模を倍増して2・4兆円にする政府目標があるそうです。

私が生まれたときは、宇宙旅行は映画や漫画の世界でした。

小学生のときにアポロ11号が月面着陸に成功し、月の石をもち帰り大阪万博のときの目玉として展示されたりしましたが、それでもまだまだ宇宙は遠い存在でした。

しかし、たとえばいまは「宇宙エレベーター構想」というものがあります。2050年を目標に地球と月の距離の約10分の1の上空3・6万㎞の宇宙空間にあるターミナル駅と地上をケーブルで結んで、人やモノを乗せたカゴを往復させるものです。重力がある地球では難しくても、重力のない宇宙空間では理論上可能で、これが「カーボンナノチューブ」という軽く強い新素材の登場で、より現実味を帯びてきました。

もはや宇宙は手の届く場所になりそうですね。

ところで、日本人としてはじめてスペースシャトルで宇宙空間を体験した毛利衛《もうりまもる》さんが、テレビカメラの前で語った言葉は「宇宙から国境線は見えなかった」でした。人はどうしても「自分」を中心に考えて、自分のテリトリーとか縄張り、領域をつくってしまいます。そして、それを守るために境界線をつくってしまいます。国境線もそうでしょう。もちろん、一つひとつの「個」は大事ですが、高いところから見れば別の世界が広がっているということです。

ものを見るときに、虫の目と鳥の目と両面からなどといいますが、鳥よりもさらに高いところを知ること、あるいはそれを目標にすることで、新しい価値と出合えるかもしれませんね。

日本一、世界一を目指すだけでなく、これからは宇宙一を目指したい！

私たちの仕事は、お得意さまを通じて、じつは宇宙にもつながっているのだと思い描けば楽しくなってきます。ワクワクした気持ちで仕事に取り組んでまいりましょう！

２０１８年４月

72 六つの「C」で新しいものを生み出そう

今月はじめ京都大学の本庶佑《ほんじょたすく》特別教授が、ノーベル生理学・医学賞を受賞されました。がんをやっつける免疫力にブレーキをかけていたものを発見し免疫力を高めるというもので、新聞などには「がん治療に新しい概念」だとか「がん治療で発想転換」という見出しが躍っていました。

「発想転換」といえば、最近では台風など強風のときに敢えてポキッと折れるビニール傘が話題になりました。強度を増して折れないように抵抗するのではなく、一定上の強風になれば折れてしまうけれど、再生可能な傘にしたことで、壊れた傘のポイ捨て防止にもなるといいます。川が増水したときに敢えて橋げたが橋脚から分離して流れるようにして、被害を少なくする「流れ橋」もやはり発想転換から生まれたものでしょう。

イソップ童話なら「北風と太陽」の話が有名です。旅人のコートを吹き飛ばそうと、北風が強い風を吹かせても旅人はギュッとコートを押さえるばかりですが、太陽が当たり暑くなるとコートを脱ぎ捨てる……。

身近なところに「発想転換」事例は多いのですが、では、いざ自分がとなると難しい。

そして「発想転換」というものは、求めて生まれるというものではないようです。

ノーベル賞の本庶先生が六つの「C」を大事にしているとコメントされていました。

時代を変える研究には、①Curiosity 好奇心 ②Courage 勇気、③Challenge 挑戦 ④Confidence 確信 ⑤Concentration 集中力 ⑥Continuation 継続、この六つの「C」が必要というわけです。これらをひとつの文章につなげるなら、**好奇心（Curiosity）を大切に、勇気（Courage）をもって困難な問題に挑戦（Challenge）し、必ずできるという確信（Confidence）をもち、全精力を集中（Concentration）させ、あきらめずに継続（Continuation）する**ということでしょう。

まずはこの六つの「C」を再点検していきましょう！

そして、ほかにも大切な「C」はたくさんあります。Check（精査）、Care（細心の注意）、Change（変化）、Commitment（約束）、Compass（羅針盤）、Communication（共有）……自分にとって大切な「C」の組み合わせを考えてみてください。

そしてChance（チャンス、ここぞという機会）をものにしたいです!!

ここにきて急に冷え込むようになりました。風邪などひかぬよう体調管理に注意して充実した日々を過ごしていきましょう！

２０１８年10月

73 好奇心をもって歩けば「大福」に出合う!

行楽の秋、ケイハン本社のある京都は相変わらず国内外からの観光客でごった返します。錦市場など日本人よりも外国の方のほうが圧倒的に多いですね。観光需要になかなか追いつかないのでしょう。新しいホテルが次々生まれています。

先月10月も本社から徒歩10分ほどの麩屋町御池《ふやまちおいけ》を上がったところに「ホテルリソルトリニティ」がオープンしたばかりです。このホテルは大きな総合ホテルやリゾートホテルではなく、かといってビジネスホテルに分類されるものでもありません。いわばこれまでなかったタイプのホテルです。洋室のなかに畳を取り入れたり、アメニティも和風で、部屋のなかで飲めるものも煎茶、ほうじ茶だけでなく、抹茶を点《た》てられるセットが用意されています。これを「京都らしい」というと違和感を覚える年配の方もいるかもしれませんが、若い人、海外の観光客に、「らしさ」を感じてもらうという点ではおもしろい試みかもしれません。

先日このホテルで人と会う用があり、出向いてみた際、時間が少しあり周辺を散歩していて「大福寺」という小さなお寺に出合いました。

「福が大きいなんてありがたい、縁起のいい名前だ」と感激して由緒書を読んだら、「大福帳」はこのお寺から生まれたのだそう。まさに商売繁盛と直結するお寺さんでした。

さらにこの近辺には「御金《みかね》神社」もあり、こちらの神社の鳥居は朱色ではなく黄金に輝いていています。

それにしても新しいホテルに出かけてみたら、そこからまた新しいもの（じつは昔からあるけれど自分にとっては新たな発見）に出合えるとはおもしろいです。**大事なことは、行動を起こす、そしてアンテナをはりめぐらすことであると再認識**しました。

ぜひ皆さんもいろいろなものに好奇心をもってアクションを起こしてください。

２０１８年11月

74　8Kテレビと葛飾北斎《かつしかほくさい》 〜北斎のあくなき探求心、挑戦に脱帽〜

少し前のことですが、NHKで絵師・葛飾北斎の特集が放映されていました。人間の肉眼ではとらえきれないものまではっきり映し出す超細密高画質の8Kテレビカメラで、北斎の作品を鑑賞するとどうなるかというものでした（番組そのものは8Kテレビでなく普通の地上波でも鑑賞できるものです）。

北斎が描いたものかどうなのか、真贋《しんがん》がはっきりしない晩年の作品群を、超精密高解像度のカメラで拡大してみると、川の水の動きや着物の模様など、相当の技量があるものでないと描けない、しかも北斎特有のものであるということがわかったのです。

それまでは北斎の作かどうか疑わしいという立場だった学芸員の方が、「北斎というこれまでのイメージで作品をとらえると、どこか甘い印象でセンチメンタルに思えていたのだけれど、それは自分のもっている枠で見ていただけだった。北斎はやっぱり偉大だ」というような趣旨の発言をしていました。これらの絵は、北斎が80歳を超えたときに描いた作品といわれますが、北斎はすでに評価も名声も得ていたのになお変わろうとしていた、新しい境地を広げようとしていたということがわかったのです。

実際、北斎という人は何度も画風を変えていて、その度に名前（雅号）を「北斎」「宗理《そうり》」「可侯《かこう》」「辰斎《しんさい》」「画狂人《がきょうじん》」「雷辰《らいしん》」「画狂老人《がきょうろうじん》」などと変え、その数は30を超えたといいます。北斎のあくなき探求心、挑戦に脱帽です。

と同時に、自分の誤りというか、思い込みを素直に認め感動する学芸員の方の姿勢も素晴らしいと思いました。自分の「枠」で見てしまう、「枠」のなかに閉じ込めてしまってはいけないと自戒もしました。

そして、**これまで見えなかったことが見えてくる、気づけなかったことに気づけるようになるという現代の技術革新にも感動を覚えました。より便利になる、より快適になっていくというだけでなく、まさに新しい価値の創出**ですね。

さて先月には倉敷の新工場の起工式を執り行うことができました。当社ケイハンも常に挑戦や探求心を忘れずに、製品や技術も皆さまに喜びと感動を与えるものでありたいと思っています。

２０１９年６月

75 「月」に夢見る！

今月は「お月見」の月ですが、皆さん、月見を楽しみましたか？

月といえば、アポロ11号が月に着陸してから今年で50年です。若い人にはあまりピンとこないかもしれませんが、私が小学生のころは世間はニュースで沸き立ち、翌年の大阪万博では、アメリカ館で展示されている「月の石」を見ようと長蛇の列ができたものです。誰もが月になんか行けっこないと思っていた時代、当時の大統領ジョン・F・ケネディが「月に行く」と大きな夢を語り、それを実現させたのです。現実から発想するのではなく、現実離れしたことを実現するためになにをすべきかと考えて、技術開発を進めた結果でした。

研究開発に「ムーンショット（月を目指す）」という言葉があるそうです。従来技術の延長線上にない、より大胆な発想に基づく挑戦的な研究開発のこと。日本人初の女性宇宙飛行士、スペースシャトルに2度搭乗した向井千秋さんが、雑誌の「ムーンショット」特集のインタビューで次のように語っていました。

日本の国家予算は「おこづかいを1000円あげるから、それで買えるものを考えなさい」となっていて、受け取る側も「この1000円でなにをしようか」と考えている。でも、それだけでなく、「いまは1000円しかないけれどほんとうは1万円のものを買いたい」という気持ちを忘れてはいけない。その「ほんとうは」が夢になり、夢があれば、どうすれば1万円もらえるのかと考えるようになり、この1000円を1万円につなげていくためになにをしようかと考えるようになる。日本人は責任感が強く、口にしたことは必ず形にしなければという「有言実行」の意識が強すぎて、有言の幅が小さくなっている。**「必ずやります」ではなく「できたらいいな」をどんどん話したら良い**、夢を語るのはタダなのだから……。

夢を語るのは若い人の専売特許ではありません。向井千秋さんは**「夢を見るのにカレンダー年齢は関係ない」**といいます。

彼女が2度目に宇宙に行ったときに同乗したジョン・グレンは当時77歳でした。現在67歳の向井さん自身も、もう一度宇宙に行きたいと願っておられます。当社も前向きに、皆で大きな夢を語り合える職場にしていきましょう！

２０１９年９月

76 赤々と輝く「鑠《しゃく》」のように！

おすし屋さんに出かけました。その店は「すし」のことを「鮨」と書いてこだわりをもっているお店。「すし」の漢字はこの鮨のほかに、鮓、あるいは寿司という字を使いますね。はっきりとしたことはわからないのですが、旨い魚を使うことが多いので、このお店のように昔かたぎのお店は「鮨」の字を使っているとのこと。またお酢を使うので「鮓」という字を当てる、たとえば琵琶湖地方の鮒《ふな》を使った名産、鮒鮓《ふなずし》など、魚を発酵させたものには鮓が多いようです。「寿司」という字が使われはじめたのは江戸時代らしく、おめでたいお祭りのときにつくられることが多いので、寿を司ると当て字にしたのでしょう。魚を主にしない巻き寿司や稲荷寿司などはこちらの字がお似合いのようです。

おすし屋さんの湯飲み茶碗に魚へんの文字がいろいろ書かれているのを見かけることが多いですね。魚に喜の字を添えると鱚（きす）、刀を添えると魛（たちうお）というぐあいに、いくつ読めるか試してみたこともあるでしょう。

そして、その漢字からの連想ですが、当社ケイハンは「鉄」と関係ある会社です。鉄の使われている金へんの漢字をいくつ知っているかという話にもなりました。パソコンの手書きPadで金という字を入力すると、150以上の文字が現れます。5つほどあげてみますので、どれだけ読めるかチェックしてみてください。

1）銑鉄　2）銹　3）錬　4）鍱　5）鑠

最初の字はせんてつ。鉄鉱石を溶鉱炉で溶かして還元してつくった鉄です。鋳物にするものと鉄鋼の原材料にするものがあります。2番目の銹はしゅうと読み、鉄の表面が酸化し細く浮き上がるさびのこと。錬は鍛錬のれん。金属を溶かし不純物をより分けて良質にすることです。私たちも修練、鍛錬して自分を良質にしていきましょう。そして4番目の鍱はようと読みます。鉄などを薄く引き伸ばして板状にしたものです。最後の**鑠はしゃくです。鉱石や金属を混ぜて熱して溶かすこと。熱せられて赤々と輝くところから、元気な意味にも使われます。**老いて元気な人を矍鑠《かくしゃく》とした人などと表現します。若い人も負けてはいられませんね。おたがいに鑠として、仕事に取り組んでいきましょう。

2010年9月

（某クルマ関連企業のPR誌で車がついた漢字解説の連載がありましたが、光のつくものとか、花のつくもの、口へん、耳へんなど、自分の仕事や興味のある分野の、力をもらえるような漢字あれこれを探ってみるのもおもしろいかもしれません）。

77 誰にもある無限の可能性

将棋の藤井聡太七段が7月16日に「棋聖」のタイトルを17歳と11ヶ月で獲得。最年少記録を30年ぶりに更新しました。藤井棋聖はもうひとつのタイトル「王位」のタイトル戦でも2戦先勝と有利に進めているので、おそらく2冠となられるでしょう。※若い力に無限の可能性を感じます。

そして将棋といえば、米長邦雄《よねながくにお》という名人がいました。テレビでおなじみ、ひふみんこと加藤一二三《ひふみ》さんのライバルでもあった方で、兄三人は皆、東大に進学。「兄弟のなかで自分がいちばん頭がよかったから将棋の世界に入った」という天才です。もちろん数々のタイトルを獲得していたのですが、「名人」だけはなかなか獲得できませんでした。それで自分のスタイルを変えることを試みて、49歳11ヶ月の史上最年長で「名人位」を獲得したのです。将棋というのは師匠の下で学び、師匠を超えてからは自分で鍛錬するというのが当時はまだ主流だったのですが、コンピュータを使ってグループで研究するという若い棋士が台頭してきたので、頭を下げて彼らの仲間に入れてもらい、自分の将棋の幅を広げたのです。

すでに大御所だったのでプライドもあったでしょう、なにをいまさらという気後れ、気恥ずかしさなどもあったかもしれません。しかし自分にとって最善手を求める執念はすごいと脱帽せざるを得ません。

6月28日に行われた棋聖戦第2局での藤井七段が指した58手目の「3一銀」はプロ棋士たちの検討ではあまりあがっていなかった手で、指された直後には「えっ」という声が控室に響いたという「妙手《みょうしゅ》」です。現在、AIを使った将棋ソフトがプロ棋士の実力を上まわっているといわれます。しかし最強将棋ソフト「水匠《すいしょう》」に4億手読ませた段階では5番手にもあがらなかったものが、6億手読ませると突如最善手として現れる手……AIが6億手読んではじめて最善手とわかる――そんな手を藤井七段はわずか23分の考慮時間で指したのです。

AIが人間より上か下かといったことではなく、人間には測り知れない力（そこが魅力であり底力でもあるのでしょう）、それがまだまだたくさんあるということです。誰にも、いくつになっても可能性があるということなのでしょう。

自分の力を信じて前向きに進んでいきたいです！

２０２０年７月

※現在は九段に昇格し、２０２３年には史上最年少の名人位を獲得。王座の挑戦権も得て、八冠を目指している

78 明日は希望のはじまり、「tomorrow」を合言葉に！

『アニー』というミュージカルをご存じでしょうか。

孤児院で暮らしながら、いつか両親が迎えに来てくれることを夢見る少女アニー。最初は孤児院脱出に失敗するのですが、やがてアニーの太陽のような魅力に周りが気づき、彼女の親探しに協力する……日本でも毎年春に公演され、初演から40年以上にもなる人気作品です。劇中で歌われるのが「Tomorrow」という曲です。

明日になれば太陽は昇る　明日になれば必ず　太陽が昇ってくるの
だからただ明日のことを考えるわ
もやもやも悲しみも　吹き飛んでしまうまで※

昨年のいまごろ、コロナ禍がここまで長引くとはほとんど思わなかったでしょう。ほんとうに不自由、不安な日々が続きます。でもだからこそ、この「Tomorrow」の歌詞を噛みしめていきたいですね。

ところで米国で野球殿堂入りを果たしているニューヨーク・ヤンキースのデレク・ジーター選手は、成績以上に、そのリーダーシップ、キャプテンシーが高く評価されました。人気メジャー球団のひと癖もふた癖もある選手をまとめるために、彼が好んで使った言葉が「tomorrow」だったそうです。チャンスを生かせなかったり、ミスをして落ち込んで下を向く選手には「tomorrow（明日もあるさ）」と励ますのはもちろんですが、それだけではありません。アメリカではホームチームが勝つとロッカールームに大音響で音楽が流れ、若い選手など音楽に合わせて踊ったりするのです。勝利に酔いしれることそれ自体は悪くないけれど、それがつい行きすぎるとやはり「tomorrow」と口にしたそうです。

準備は試合がはじまる前でなく、試合が終わったときからはじまっている、「tomorrow（明日にそなえよ）」と注意喚起。**「〜してはいけない」「〜するのをやめろ」の否定形では気持ちが下に向いてしまいますが、この「tomorrow」は素敵な合言葉ですね。**

明日は希望のはじまりであると同時に、準備に向かう第一歩。そんなふうに思い、一丸となっていきましょう。

２０２１年春

※日本では意訳されたものが歌われますが、ここではマーティン・チャーニンの原文を翻訳

79 「想像を一歩一歩超えていく」パラリンピアンの言葉

「失ったものを数えるな。残されたものを最大限に生かせ」

これは障がい者スポーツの父・ドイツ人医師グットマン卿の言葉ですが、障がい者スポーツにかぎらず、ビジネスにも生かせる言葉です。たとえば、次代に向けた設備投資は大切ですが、あれこれ足りないと不平不満を口にするのではなく、いまあるなかでの創意工夫も大事であると思い起こさせてくれます。

先日閉幕したパラリンピックの日本人メダリストの言葉にも、得られるものはたくさんありました。そのいくつかをピックアップしましょう。

「本気で金メダルを目指していない人と競うのは嫌だ」

競泳１００メートルバタフライで金メダルに輝いた木村敬一選手。同種目で銀メダルを獲得した富田《とみた》宇宙《うちゅう》選手の存在が彼をより強くしたわけですが、木村選手の苦労をそばで見ていて「自分も勝ちたいが木村選手に金メダルをとってほしい」と口にした富田選手に反発したのが上述の言葉でした。「喝を入れられた」と富田選手はインタビューで答えていましたが、妥協をゆるさない良きライバルの存在がたがいを高みへと導きました。

「自分はやるべきことを知っている。それをやるだけ」

車いすテニスの国枝慎吾《くにえだしんご》選手は3度目の金メダルを獲得。絶対王者として、今大会選手団団長としてそのプレッシャーは計り知れないものだったと思いますが、然るべきその日のための万全の準備、ベストを尽くす姿勢が重圧をはねのける原動力になったのでしょう。また同じ車いす、女子テニスの上地結衣《かみじゆい》選手は銀メダル。決勝は惜しくも力及ばずでしたが、それでも**「絶対にあきらめないで最後まで攻め続けることができたことをほめてあげたい」**と自分にいい聞かせ、この試合のわずか数時間後に行われたダブルスでも銅メダルを獲得しました。その姿はとても爽やかでした。

自らも障がいをもつテレビレポーター千葉絵里菜さんが「重い障がいでも可能性は無限大であることを教わった」と語っていましたが、前出のテニスの国枝選手は大会前に**「皆さんの想像を一歩一歩超えていく」**といい、まさに有言実行。競泳の木村選手は感動したというたくさんの声に**「喜んでもらえることは幸せ、ありがとう」**と応えていました。

私たちもオリンピアンやパラリンピアンに負けないよう、さまざまな分野でそれぞれの「金メダル」を目指していきましょう！

2021年9月

80 サスティナブルと先見の明

つい最近のことですが「新幹線がまだ品川に止まらなかったころのことだけど……」と話をしていて「え、品川に新幹線の駅がなかったのですか？」と驚かれ、こちらもそのことにびっくりしました。平成25年、いまから18年前に品川駅に新幹線ホームができたので、10代、20代、あるいは30代の人にとっては物心ついたときには、品川に新幹線が停車していたわけですね。ジェネレーションギャップの笑い話として片付けてもいいのですが……開発はものすごいスピードで進んでいる、その時間軸の短さをあらためて感じました。

最近「サスティナブル」という言葉をよく耳にします。「持続可能な」と訳され、次の代、次の次の代、未来へつなげていこうと説かれます。この「サスティナブル」を環境問題と結び付けて、たとえば木を植えるとか、資源を大事にするといったように、大切なものを守ることに目がいきがちですが、それだけでなく、いまよりもよりよい未来をイメージする、そのためにいまできることをするという視点も大事でしょう。

大阪の地下鉄御堂筋線は昭和8年に開業。梅田駅では開業当初は1両編成なのに12両編成まで対応ができる長いホームがつくられました。当時「そんなものは無用だろう、税金の無駄遣いだ」と非難轟々《ごうごう》だったそうですが、必ず必要になると、当時の市長さんが英断したそうで、まさに先見の明あり。いまでは全国有数の乗降客数に対応しています。

開発のスピードも大事だけれど、それ以上に、なんのために開発するのか、**いまだけの視点でなく、未来をしっかり見据えていくことも「サスティナブル」です。**

当社ケイハンの仕事はスチールなどを通して、間接的に現代社会の開発に貢献しています。いまを良くするためだけでなく、未来を良くするためのお手伝いをしている、サスティナブルにも貢献しているともいえるでしょう。

これから冬本番となりますが、皆さん、健康には十分注意して、仕事に誇りをもって、安全安心に十分留意して、邁進していきましょう！

２０２１年11月

81 可能性の扉は自動ドアではない

『日本経済新聞』で化粧品メーカー「ポーラ」の社長、及川美紀さんがインタビューを受けておられました。

販売子会社に出向していたときに管理職昇格試験に落ちたことがきっかけで、仕事のやる気をいっきに失い、やさぐれてしまった時期があったそうですが、その姿を見て「このままドブに落ちていくつもりなの？　これ以上がっかりさせないで」と知人に一喝され目が覚めた。そこから、自分の過去の功績にこだわることをやめ、新たな高い目標を設け、がっくりしていた自分自身を、そして成績が低迷していた販売子会社を立て直すことに成功したのです。

「**成功に至る扉は自動では開きはしない。でも独りでこじ開けるものでもない**」と学んだ。扉はそもそも押戸もあれば引き戸もある。「どうすれば開くのか。扉の前で右往左往、真剣に悩んでいれば誰かしら見かねて手伝ってくれて扉はきっと開けられる」

格好良くなくていい。全力でジタバタする姿はきっと周囲の人の心を動かすと固く信じている。

（２０２３年６月４日付）

上記のインタビューで及川社長は「周りの支えを力に扉を開く」『できやしない』と決めてかかると目標は達成できないし、仕事は独りではなし得ない」ともいっています。

コロナ禍もあり、私自身が事業所や工場へ足を運ぶ機会が減っていましたが、先日、志《し》免《め》そして戸畑へと足を運び、現場の生の声を直に耳にすることができました。これからもこういう機会を増やしていきたいと考えています。

「こうすればもっと良くなる」「こうすれば良い方向に変わっていく」といったことを提言してください。

ケイハンの未来の扉を皆さんと一緒に、力を合わせて開けていければと願います。

２０２３年６月

かためる会社　ケイハンについて

省資源、リサイクルを実現
時代をリードするケイハンのブリケット技術

「はじめに」でも、少し触れていますが、株式会社ケイハンは「かためる」技術のリーディングカンパニー。粉体などをかためてブリケット（成型物）にすることを専門的には塊《かい》成《せい》化といいますが、塊成化のハードとソフトを併せもつ国内唯一のメーカーです。

古くは国鉄（現ＪＲ）の蒸気機関車（ＳＬ）への燃料の製造・供給。国内で塊炭が不足した際に粉炭を成型し燃料化し、最盛時には国鉄の石炭燃料のシェア90％を誇りました。国鉄の電化が進み蒸気機関車から電車へ移行後は、日本製鉄㈱（旧新日本製鐵）やＪＦＥスチール㈱（旧日本鋼管）の製鉄所構内に自社工場を設置し、コークス原料用の成型炭を製造供給しています。戦後の復興期は日本の輸送・流通を、そして高度成長期以降、現在も日本の重工業を支えている黒子のような存在といえるでしょう。

ここではあまり専門的な領域にまでは踏み込みませんが、左図のように「かためる」こ

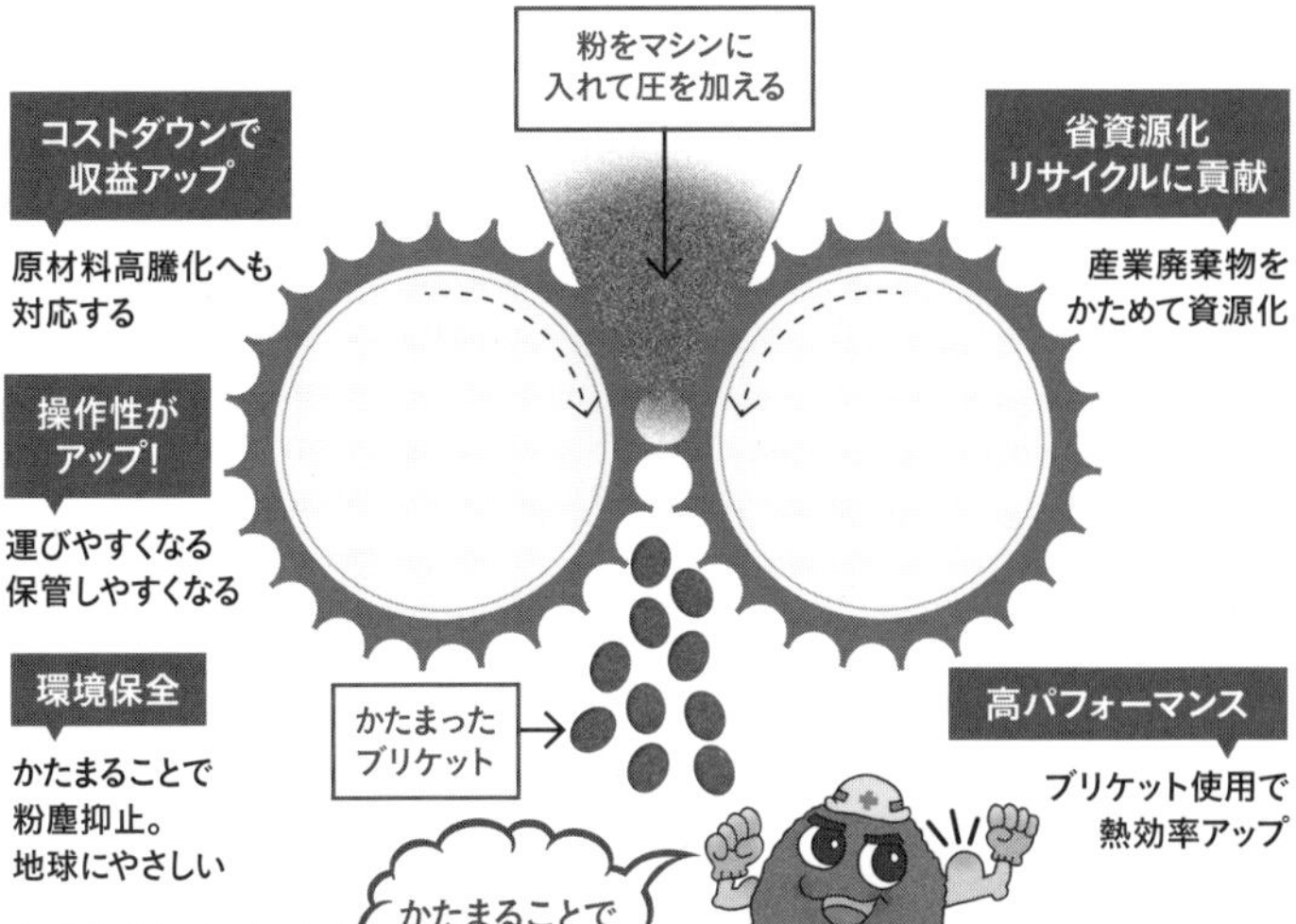

上の図はブリケットマシンの構造をシンプルに表現したもので、実際のものとは違います

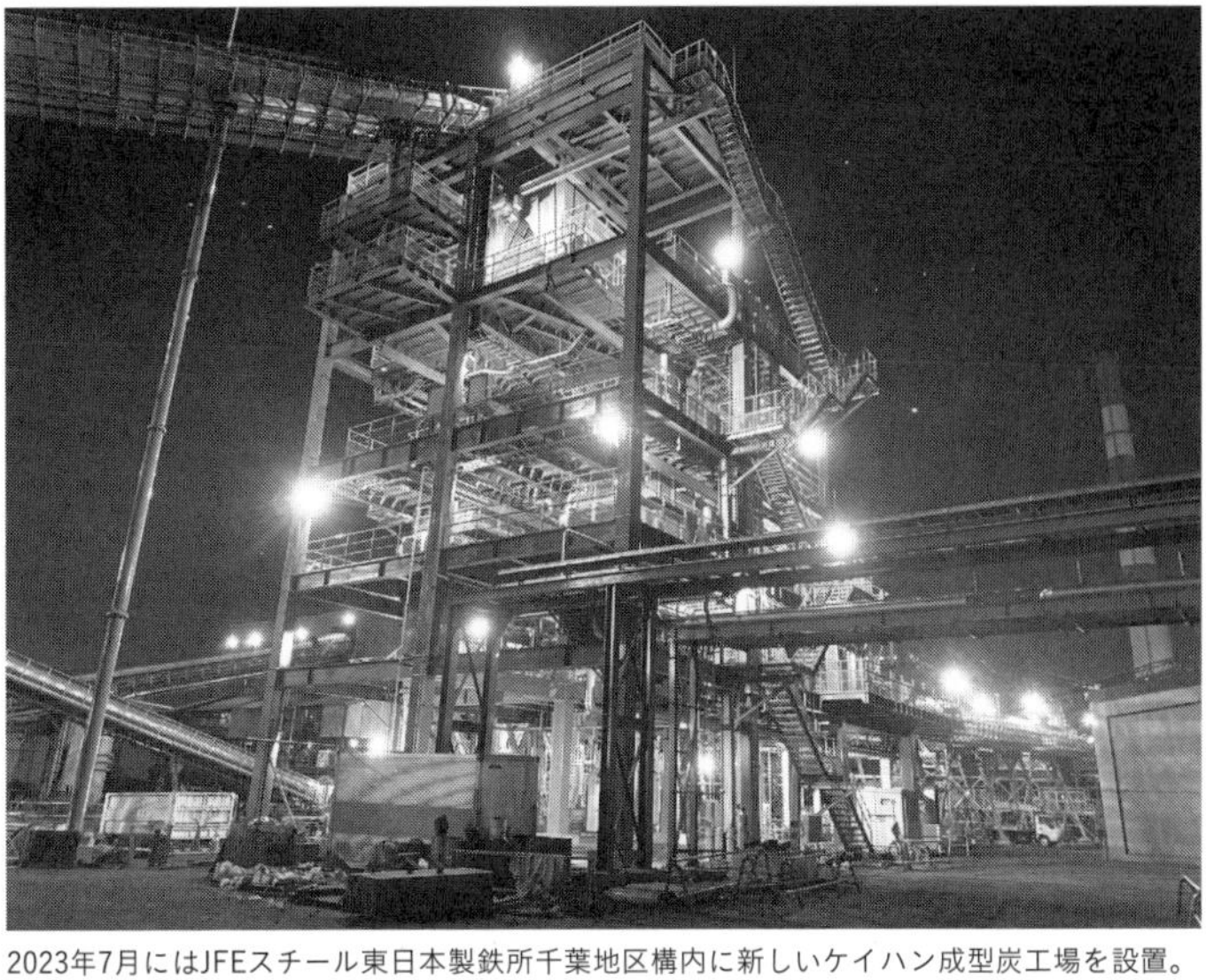

2023年7月にはJFEスチール東日本製鉄所千葉地区構内に新しいケイハン成型炭工場を設置。操業を開始している

とのメリットはたくさんあります。「かためる」ことで熱効率を上げ、エネルギーの有効活用につながります。いま「脱炭素」へシフトが変わりつつあるなか、それでもまだまだ石炭需要は大きいのですが、その燃料をより効率よく地球に負担なく活用するために、最新技術で貢献しています。

そのほかにも、たとえば製鉄工場内でできる金属の研磨粉や鉄粉などはそのままでは操作性が悪いのですが、「かためる」ことで完全リサイクルが可能となります。また廃プラスティックなど産業廃棄物として処理されていたものが、「かためられる」ことで再資源化されたり、組み合わせ加工によって効率のいい熱原料に生まれ変わったりもするのです。

もちろん「かためる」といっても、小さな子どもが砂場の泥んこ遊びで、砂のおにぎりをつくるようなものではありません。

大雑把に説明するなら、原料となる粉と粘結材（バインダー）をミキサーに入れ撹拌《かくはん》し、凹凸のついたふたつのロールの間に流し込む。ロールとロールの間の原料に圧力が加わり、ロールの凹（型）のなかで原料が均一に圧縮されて、ブリケットができあがります。ブリケットは硬さや大きさ、形状、材料別につくられます。たとえば鉄鋼関連でいえば高炉用と転炉用など用途別にブリケットを製造、また同じ転炉用でも、どの工程で利用されるかで大きさや硬さを変えています。

ブリケットを製造する技術をもっている会社はケイハン以外にもありますが、ケイハンの強みは設計から成型・メンテナンスまでを系統立ててシステム化していることです。自社でマシンを製造するだけでなく、自社内にも技術研究所を設置するほか、日本製鉄やＪＦＥスチールの製鉄所内に自社工場をもち操業していることです。常に顧客ニーズをとらえて、トップ企業と連携し、信頼を勝ち得ているのです。

大がかりなプラントの設計はいうまでもなく、少量多品種を塊成化したいというニーズ、設備費を極力抑えたい、あるいは期間限定で試してみたいというニーズにも、レンタル成型機で対応するなどきめの細かいサービスを提供しています。

株式会社ケイハン

http://www.kk-keihan.com

本社	〒604-8417 京都市中京区西ノ京内畑町34
工場／営業所	○戸畑工場　日本製鉄八幡製鉄所戸畑地区内
	○福山工場　JFEスチール西日本製鉄所福山地区内
	○倉敷工場　JFEスチール西日本製鉄所倉敷地区内
	○千葉工場　JFEスチール東日本製鉄所内千葉地区内
	○志免事業所　技術部　技術研究所　機械営業部
	関連会社／ケイハンテック（機械加工）
営業品目	○鉄鋼関連事業
	○環境リサイクル事業
	○機械プラントエンジニアリング事業
	○その他、SL用ブリケット製造／石炭・石油その他燃料販売 社有不動産の賃貸借および管理業

ケイハン関連企業

二条自動車教習所

ケイハンが国鉄と取引があったころ工場は全国に16ヶ所あり、第一号が京都工場でした。昭和38年に事業の効率化もあり大阪工場と統合することになり、この京都の工場跡地の有効活用をということではじめたのが、二条自動車教習所です。

京都市内にはいくつか自動車教習所はありますが、JR二条駅すぐ近くにあるという地の利もあり、また路上での講習が二条城をはじめ京都市内の観光スポットを走るということも魅力になっているのでしょう。入所者数はずっとトップクラスを維持しています。また免許取得者が1年以内に人身事故を起こす事故車率も15年以上連続で平均数字を大きく下回っているのは、安全を第一に考えるケイハンの誇りです。コロナ禍もきめの細かいサービスで乗りきり、現在はデジタルトランスフォーメーションを進め、送迎バスの位置情報発信サービスをはじめ、電話に替わる教習生とのコミュニケーションツールとして、ラインワークス（ラインの業務版）の導入など、最新設備で快適に講習を受けられるよう、日々、努めています。

京阪埠頭海運／名門大洋フェリー

国鉄用ピッチ煉炭に替わる事業として準備を進めたのが「成型炭」と「カーフェリー」。カーフェリー事業参入の理由は、許認可事業で国鉄と同じ運輸省管轄であったこと、事業をはじめたころは高度成長期でトラックの運転手が絶対的に不足しておりカーフェリー事業の伸長が見込まれたこと、そして新門司の岸壁に土地を所有していたことなどです。昭和47年に「名門カーフェリー」を設立し、名古屋と新門司間で開業、その後、昭和61年に商船三井系の「大洋フェリー」と対等合併しています。

また昭和60年には基地業務やフェリー内での食事などのサービスを提供する京阪埠頭海運も設立、現在は大阪と新門司（シティライン）を上下一日2便。1便に「フェリーおおさかⅡ」「フェリーきたきゅうしゅうⅡ」が就航。2便に「フェリーきょうと」「フェリーふくおか」が就航しています。料理（ビュッフェ）などにも力を入れ、さまざまなタイプの快適な客席を設け、またキッズルームなども充実させ、運輸関係の利用だけでなく、観光や帰省などでもご利用いただいています。

おわりに

「企業価値を上げるためにブランド力を高める」という声を耳にします。あるいは「楽しく仕事をしたい、そういう環境をつくってほしい」という声も耳にします。どちらももっともなことではありますが、それよりも大切なものがあるのではと私は考えています。

もちろん「ワークライフバランス」は大事であり「働き方改革」は進めていく必要があります。当然、当社もさまざまな制度設計、環境整備を随時進めています。ただいくら環境をととのえても、そこで働く皆がそこにやりがい、喜びを感じられなければ、それはほんものとはいえないでしょう。たとえば、休みの日が数日増えたとしても、休みの最終日に、「明日からまた仕事だ、いやだな」という気持ちになるようであれば、これは本人にとっても会社にとっても不幸です。

「ブランド」も形だけ、うわべだけを整えても結局は見透かされてしまいます。ケイハンはB to B企業ですので一般の方の認知度は高くありません。しかし、しっかり地に足をつけて、ときには変化も恐れず誠実に事業を行ってきました。社会に必要とされていると誇りをもって仕事をしていくことが大切です。結局は一人ひとりの誠実な仕事、真摯な姿勢の上に「ブランド」が築かれていくものでしょう。

以前、給与レターに**「仕事を志事に読み換えよう」**と記したことがあります。

仕事という単語を分解すると「仕える事」。お客さまに仕え顧客満足を図るとか、身近に考えるなら上司の指示に従うという意味になります。上司の命に従う、お客さまとの約束を守るということは大切なことですが、いわれるままにやればいい、いつものルーティンとしてこなせばいいというものではありません。その意味や目的をしっかり理解し、より高みを目指していくことが大切、いわば志も大切です。志が高い、低い、志があるなどといいますが、志とは仕事に邁進していくための原動力です。

本書が志を高めるためのヒントとして少しでもお役に立ったならうれしく存じます。

最後になりますが、本書出版の企画を進めてくださった育鵬社の田中亨さん、本書編集を担当したワードスプリングの蒲田正樹さんに感謝申し上げます。また、当社ケイハンを長年ご理解くださり、応援していただいているお客さま、そして当社従業員とその家族、OBの方々にも感謝。もちろん、本書を手に取りお読みいただいた読者の方にも、心から感謝いたします。ありがとうございました。

２０２３年９月

西田康郎

著者略歴
西田康郎（にしだ・やすお）
昭和35（1960）年、京都市生まれ。京都市内に本社をおく株式会社ケイハンの代表取締役社長で、創業者西田小太郎の孫にあたる3代目社長。ケイハンは昭和7（1932）年に三井物産専属特約店として石炭販売を開始した西田石炭商店が前身。戦後は国鉄（現JR）のSL用ピッチ煉炭を製造し、圧倒的シェアを誇った。その後、長年培ってきた成型・塊成化技術とノウハウを生かし、日本製鉄やJFEスチールなどの製鉄所構内に自社工場をもち、鉄鋼産業を中心に日本のモノづくりをサポートしている。毎月、従業員向けに「給与レター」としてメッセージを発信。著書に『社長からの給与レター』（ワニブックス【PLUS】新書）がある。

社長を支えてきた言葉
――元気になれた、勇気をもらえた81のエピソード

発行日　2023年9月9日　初版第１刷発行

著者　西田康郎
発行者　小池英彦
発行所　株式会社育鵬社
〒105-0023　東京都港区芝浦1-1-1　浜松町ビルディング
電話03-6368-8899（編集）http://www.ikuhosha.co.jp
株式会社扶桑社
〒105-8070　東京都港区芝浦1-1-1　浜松町ビルディング
電話 03-6368-8891（郵便室）
発売　株式会社扶桑社
〒105-8070　東京都港区芝浦1-1-1　浜松町ビルディング
（電話番号は同上）
企画協力　株式会社ワードスプリング
装丁　漆畑一己（Fab）
DTP制作　株式会社ビュロー平林
印刷・製本　タイヘイ株式会社　印刷事業部

Printed in Japan ISBN 978-4-594-09607-6

本書のご感想を育鵬社宛にお手紙、Eメールでお寄せください。
Eメールアドレス　info@ikuhosha.co.jp

日本音楽著作権協会(出) 許諾第2306079-301号